MW01204769

HISTOIRE
DE LA MUSIQUE

Couverture : *Cantigas de Santa Maria,* musiciens.
© Bibliothèque de l'Escurial, Madrid/Mas.

ISBN : 2-02-018165-7

Histoire de la Musique

XIIIe-XIVe siècle

Bernard Gagnepain

Solfèges

SEUIL

À Norbert Dufourcq à qui je dois ma vocation.
À Safford Cape qui m'a fait vivre cette musique.
À ma femme sans l'aide précieuse et le soutien de laquelle
je n'aurais pu mener à bien cette tâche.

AVANT-PROPOS

Pauvre Moyen Âge ! Que n'a-t-on dit de lui !

Gargantua en parlait à son fils comme d'un temps « ténébreux et sentant l'infélicité et calamité des Goths ». « Siècles grossiers », ajoutait le XVIIe siècle ; et La Bruyère de surenchérir : « On a abandonné l'ordre gothique que la barbarie avait introduit pour les palais et pour les temples ».

Mais vint le romantisme et son naïf enthousiasme. Or s'il suscita un renversement du goût, des restaurations et des recherches, il engendra surtout des clichés et des rêves. Hugo l'aime pour ses ruines – « Je vous aime, ô débris ! » disait-il. Verlaine le croit « énorme et délicat ».

De nos jours le vent plus ne « se brise à l'angle des ruines », et le luth a cessé d'être « doux et sévère », l'ombre de Quasimodo ne se profile plus sur les tours de Notre-Dame. Sans cesser d'être attachant, le Moyen Âge devient pour nous, plus humblement, un objet de recherches, ou plutôt un nouveau Moyen Âge est en train de renaître, débarrassé des chromos dont l'avait affublé le XIXe siècle, plus authentique et partant plus touchant.

Bernard GAGNEPAIN
Texte de présentation du disque BAM.
En retrouvant le Moyen Âge (1966)

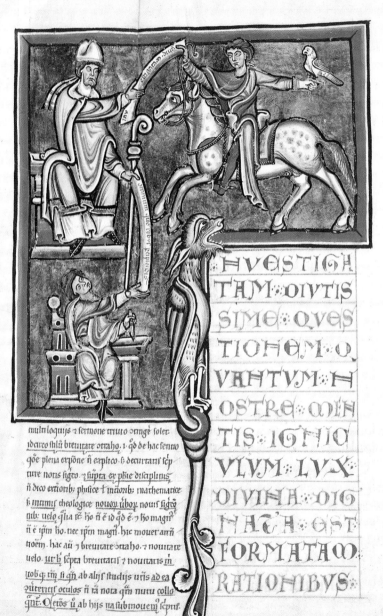

HVESTIGA
TAM·DIVTIS
SIME·QVES
TIONEM·Q
VANTVM·N
OSTRE·MEN
TIS·IGNIO
VLVM·LVX
DIVINA·DIG
NATA·EST
FORMATAM·
RATIONIBVS·

multiloquiis z sermone triuito ctinge solet.
ideirco stilu breuitate ottaho. i. qd de hac sentu
qoe plena erpone n explico. b decurtatis sep
ture notis sigto. z supta ex phte disciplinis
n dico extionib; phsice i innonib; mathematice
b minuis theologice nouox ubox nouis sigto
nib; uelo glia te ho n e id qd e z ho magin
n e ipin ho. nec ipin magin hic mouer ann
troem. hac au z breuitate ottaho. z nouitate
uelo. ur h septa breuitatis z nouitatis in
nobq; tn si qn ab alijs studijs uris ad ea
querentis oculos n ta nota qn nutu collo
gne. O setos u ab hijs ita submouem septis.

PRÉMICES DE L'AVENTURE POLYMÉLODIQUE

Il est aujourd'hui très largement admis que le XIIIᵉ siècle représente, et plus particulièrement en France, un temps fort dans le domaine de la création artistique et que la musique n'est pas en reste par rapport à l'architecture, la sculpture ou la peinture. Certes, l'engouement pour les arts plastiques a largement devancé le regain d'intérêt pour la musique, du fait, sans doute, que la musique, contrairement aux autres arts, a besoin d'être recréée pour être perçue et qu'elle est tributaire des options parfois contradictoires des interprètes qui sont amenés à la faire revivre. Mais quelles que soient les difficultés d'approche d'une musique peu en accord avec les habitudes des mélomanes, il n'en reste pas moins que l'invention de la polyphonie, ou, comme le préférait à juste titre Joseph Samson, la polymélodie, constitue en effet une véritable révolution dans l'art des sons, l'événement capital dans l'histoire de la musique. Retraçant les étapes de ce renouveau, Jacques Chailley a pu légitimement parler de « la grande renaissance du XIIᵉ siècle ».

Cette recherche d'embellissement par superposition de lignes prend le relais, sans toutefois le tarir, du besoin d'amplification par développement mélodique que traduisaient déjà dans le répertoire monodique toutes les sortes de tropes [1] (d'introduction, de développement, d'interpolation, etc.) et de farces bien propres à satisfaire une époque orientée vers la glose.

1. Voir Glossaire.

■ *Commentaires à Boèce*, par Gilbert de la Porrée, milieu XIIᵉ siècle. (Valenciennes, bibl. municip., ms. 197, f° 7.)

L'éclosion de la polymélodie, bien sûr, ne fut pas brutale, et l'élaboration des importants corpus où se trouvent consignées les œuvres de cette haute époque fut tardive. L'existence de ces recueils, copiés sur un matériau rare et coûteux, révèle – même si, faute de lignes de portées, ils ne sont pas toujours exploitables avec sûreté – un usage très nettement antérieur à leur confection.

Témoignages de traités

Les débuts furent modestes : il s'agit bien plus d'une manière de faire que d'une création artistique à proprement parler, d'une prise de conscience des possibilités d'accord des sons entre eux. Les premiers ouvrages où l'on croit pouvoir décrypter des allusions à ce phénomène sont dus à saint Augustin (Ve siècle) et à Boèce (VIe siècle), auxquels ne serait pas étrangère la notion de consonance, mais il faut attendre Aurélien de Réomé, puis Rémi d'Auxerre au IXe siècle pour que soit évoqué, mais sans exemples, l'emploi de sons superposés. Durant ce même siècle, le théoricien et philosophe Jean Scot, dit Érigène, qui vécut en France à partir de 845, dans son ouvrage *De divisione naturae*, mais surtout Réginon de Prüm (vers 842-915) et Hucbald de Saint-Amand (vers 850-930), tous deux très proches de l'enseignement de Boèce et de Rémi d'Auxerre, emploient le terme d'*organum* dans le sens de polyphonie, que Réginon appelle *succentus*, en l'opposant au chant à l'unisson, *concentus* :

> *Concentus est similium vocum adunata societas ; succentus vero est varii soni sibi maxime convenientes, sicut videmus in organo.* (Le *concentus* est l'étroite association de sons semblables ; mais le *succentus* consiste en sons différents les mieux assortis l'un à l'autre, comme nous le voyons dans l'*organum*.)

S'ensuit tout un paragraphe sur les consonances employées qui sont au nombre de trois :

> *Hic tres tangit consonantias, scilicet diapason, diatessaron et diapente.* (Il concerne trois consonances, à savoir l'octave, la quarte et la quinte.)

Plus explicite, Hucbald s'attache à définir la consonance :

> *Consonantia siquidem est duorum sonorum rata et concor-*
> *dabilis permixtio, quae non aliter constabit, nisi duo altrin-*
> *secus editi soni in unam simul modulationem conveniant,*
> *ut fit, cum virilis ac puerilis vox pariter sonuerit ; vel etiam*
> *in eo, quod consuete organizationem vocant.* (Une conso-
> nance est un mélange de deux sons, calculé et suscep-
> tible d'être en accord, qui n'existe que si deux sons pro-
> duits d'un côté et d'autre se rejoignent en un seul
> agrégat, comme il arrive quand une voix d'homme et
> une voix d'enfant font entendre le même son, ou
> encore dans ce que l'on appelle communément le trai-
> tement en *organum*.)

Ces attestations sont de la plus haute importance :
elles sont la preuve formelle d'une pratique généralisée
et déjà longue sans qu'ait été trouvé le moyen de la
consigner par écrit.

Exemples notés

Les premiers essais de notation datent de la fin du
IXe siècle. Ils figurent dans la *Musica Enchiriadis* et dans
les *scolica* qui lui font suite. À peine plus tardifs que les
traités évoqués précédemment, ces importants ouvrages,
attribués autrefois à Hucbald, mais désormais à Otger
(ou Hoger), illustrent et développent les propos antérieurs. Le système de notation « dasiane » recourt à des
symboles élaborés à partir du signe grec de l'« esprit
rude [2] », qui se note habituellement « c » au-dessus
d'une lettre initiale. En affectant une variante de ce
signe à chacune des notes des tétracodes [3], il
devient possible de préciser les hauteurs des sons
des 7 notes (a, b, c, d, e, f, g) en différenciant les
registres. L'échelle sonore se présente donc ainsi, du
grave vers l'aigu :

■ Joueur de rebec.
Graduel de Nevers,
XIe siècle. (Paris, BNF,
ms. lat. 9449, f° 1.)

---

2. En grec, « esprit rude » se dit ἡ δασεῖα προσῳδία, d'où le nom de cette
notation dite *dasia* ou dasiane.
3. Successions mélodiques de quatre sons, à partir du sol grave *(Gamut)*,
et dont les extrêmes sont en rapport de quarte juste.

Notation dasiane

									a	b	c
Γ	Λ	B	C	D	E	F	G	a	b	c	d	e	f	g	a	b	c

Hauteurs de notes

Graves.   Finales.   Superiores.   Excellentes.

Registre

Présentés sous forme de diagrammes avec lignes parallèles entre lesquelles sont placés ces signes, les exemples polyphoniques sont parfaitement lisibles. Les intervalles de ton (T) et de demi-ton (S) sont même indiqués ; seul le rythme n'est pas précisé. Ayant déclaré :

> *In musica quaedam sunt certa intervalla, quae symphonias possint efficere* (En musique, il existe certains intervalles déterminés qui peuvent créer des symphonies),

l'auteur envisage de façon méthodique les différentes possibilités d'enrichissement sonore avec la création de « symphonies » obtenues par l'exécution de la même mélodie à intervalles d'octave, de quarte ou de quinte, au-dessus ou au-dessous de cette mélodie. En voici deux exemples sur un verset de l'hymne *Te Deum* :

Dans ce premier type de polyphonie, le chant liturgique – *vox principalis* – se retrouve environné d'une sorte d'aura sonore, accompagné qu'il est d'une *vox organalis*, ou de plusieurs, à distance de quarte, quinte ou octave. Peu d'invention donc, mais simple recherche d'un *dulcis concentus* (doux accord).

Le chapitre 17 du même traité présente un exemple autrement plus intéressant où apparaît la possibilité de quitter le parallélisme absolu des lignes : la voix inférieure se désolidarise un moment du chant donné en procédant par mouvement oblique pour quitter l'unisson en début de phrase, avant d'atteindre la quarte et pour y retourner en fin de phrase par mouvement contraire.

C'est un début timide vers l'autonomie des lignes : alors que pour les exemples précédents on pouvait à juste titre parler d'*organum parallèle*, il est plus judicieux dans ce dernier cas de parler de *diaphonie*, au sens strict de *désaccord, discordance*, le terme servant à désigner à la fois le procédé et la réalisation obtenue. Ce flottement dans l'usage des termes apparaît dans les propos de Otger quand il affirme :

> *Haec namque est quam diaphoniam cantilenam, vel assuete organum nuncupamus.* (C'est le chant que nous appelons diaphonie ou, habituellement, *organum.*)

On peut remarquer dans ces exemples que la place du chant à harmoniser n'est pas fixe et qu'elle ne se situe qu'exceptionnellement au registre grave, comme on en prendra l'habitude par la suite.

Même s'il peut être tenu pour sûr que la pratique se perpétue, aucun autre témoignage ne nous est parvenu avant le *Micrologus* (petit traité) de Gui d'Arezzo, que l'on date de 1026-1028. En fin de traité, il aborde brièvement (chapitres 18 et 19) la *diaphonie*. On retrouve là le même embarras terminologique :

> *Diaphonia vocum disjunctio sonat, quam nos organum vocamus.* (C'est par diaphonie que sonne la dissociation des voix : nous appelons cela *organum.*)

Mais, pour la première fois, sont envisagés de façon claire les problèmes de rencontre entre les lignes différentes, surtout en fin de phrases où se produisent les mouvements contraires et obliques avant de retrouver l'unisson *(occursus)* et le passage momentané de la *vox organalis* au-dessous de la *vox principalis*. Dans les intervalles utilisés, la quarte reste, semble-t-il, prioritaire même si l'usage d'autres intervalles est envisagé :

> *Diatessaron vero obtinet principatum.* (Mais la quarte est prééminente.)

C'est peut-être à ce type de polyphonie, apparemment encore improvisée, qu'il convient d'affecter le terme de *déchant*.

Au début du XIIe siècle, plusieurs traités font état de la généralisation du mouvement contraire, admettent les croisements des voix et élargissent les possibilités d'*occursus* à l'octave aussi bien qu'à l'unisson (*De musica* de Johannes Cotton ou d'Afflighem) ; ils admettent même le monnayage des durées, la *vox organalis* pouvant exécuter plusieurs notes contre une seule de la *vox principalis*, au moins au moment de la *copula* (embellissement de la note pénultième) qui clôt certaines sections à la place d'un simple *occursus* (traités anonymes : *Ad organum faciendum*). Cette nouveauté ouvre la voie à ce qui sera plus tard l'*organum fleuri* ou à vocalises.

PRÉMICES
DE L'AVENTURE
POLYMÉLODIQUE

■ Abbaye de Fleury (aujourd'hui Saint-Benoît-sur-Loire). Fondée vers 650, elle conserve les reliques de saint Benoît rapportées du mont Cassin. Elle fut l'un des principaux foyers d'art à la fin de l'époque romane.

PREMIÈRES RÉALISATIONS

Si les traités nous renseignent sur la pratique et sur l'état de la réflexion théorique concernant les superpositions des sons, il nous faut attendre les premiers documents constitués pour être informés de l'utilisation de ces pratiques nouvelles et de leur localisation géographique, au demeurant presque exclusivement française.

Les tropaires
dits de Winchester (XIᵉ siècle)

Hormis les quelque 16 pièces (dont 10 alléluias et 4 répons) figurant dans trois manuscrits de Chartres, le second tropaire de Winchester (le premier, un peu antérieur, ne contient que des pièces monodiques) est la plus ancienne collection d'*organa* à deux voix. Que ce recueil soit conservé à Winchester et constitue sans aucun doute le répertoire de la cathédrale ne préjuge en rien de son origine. On connaît les relations étroites entre l'Angleterre et le continent, et plus précisément avec l'abbaye de Fleury, alors à l'apogée de son rayonnement. Des moines de ce centre réputé avaient été appelés en 970 au concile de Winchester pour participer à la rédaction de la *Regularis concordia*, qui devait être observée dans tous les monastères du royaume. D'autre part, avant de monter sur le siège épiscopal, Oswald avait été pendant huit ans moine à Fleury, et c'est lui qui, en 985, avait fait appel à Abbon, abbé de Fleury, pour améliorer le niveau des études dans les monastères. Donc, même si, dans ce premier répertoire d'*organa*, quelque touche anglaise peut être décelée, qui serait due au célèbre chanteur et scribe Wulfstan, on ne peut nier, sinon la provenance continentale, du moins l'influence déterminante du monachisme français.

L'intérêt majeur de ce tropaire est que, sur les 157 pièces, 53 sont des alléluias et 53 autres des répons de l'office, remarquable anticipation de ce que sera la pratique parisienne ultérieure. Malheureusement, la restitution ne peut être que conjecturale, car, d'une part, les neumes sont écrits *in campo aperto* (en terrain découvert) sans lignes ni clés, d'autre part les deux voix ne sont pas écrites l'une au-dessus de l'autre. Les voix organales sont regroupées dans une section à part. Bien que la règle générale soit encore le note contre note, il arrive que les sons ne soient pas en nombre égal entre les deux voix et que la voix principale se situe régulièrement au registre inférieur. D'autre part, si le mouvement parallèle prédomine, il semble que le mouvement contraire

UN DES PLUS ANCIENS DOCUMENTS SUR LA PRATIQUE DE L'ORGANUM VERS L'AN MIL

■ Vue intérieure du chœur roman. La construction de l'église a débuté vers 1070.

La plus grande autonomie de la voix organale sous-entend que le répertoire choral se transforme en un répertoire pour soliste, du moins pour cette voix inventée. Les renseignements sur l'interprétation sont assez peu nombreux pour que nous citions in extenso un texte extrait du tome VII du Corpus consuetudinum monasticarum, dans la partie consacrée aux coutumes des moines de Fleury *, dans les premières décennies de l'an mil. Elles sont relatées par un moine allemand, Thierry d'Amorbach, qui y fit un long séjour. On y trouve l'une des premières allusions à la manière de pratiquer l'organum : « In summis autem sollempniis que superius titulamus singula responsoria a binis persolvuntur fratribus. Et nota quod semper octavum responsorium abbati inscribitur, duodecimum autem quatuor fratres in superioribus gradibus albis cappis amicti personant. Duo ex illis quasi discipuli naturalem cantum tenent, alii autem duo quasi magistri retro stantes succinunt qui organiste vocantur (Dans les plus grandes solennités que nous avons citées plus haut, des frères, deux par deux, sont chargés de chacun des répons. Il faut remarquer que toujours le huitième répons est attribué à l'abbé, mais que le douzième est chanté, sur des degrés plus élevés, par quatre frères revêtus de chapes blanches. Deux d'entre eux, comme des élèves, sont chargés du chant normal, tandis que les deux autres se tenant en retrait, comme des maîtres, accompagnent le chant ; on les appelle "organistae"). »

Il n'est pas sans intérêt de signaler qu'après cette description assez explicite d'une polyphonie responsoriale, l'auteur ajoute une phrase qui laisse apparaître le caractère novateur et exceptionnel de cette pratique française et l'admiration qu'elle suscite : « Et Gallia tamen sibi cantum libens vendicat, Germania vero agente insania repudiat (La Gaule s'enorgueillit à bon droit de ce chant, alors que la Germanie stupidement le rejette). »

* Consuetudines floriacenses antiquiores (saec. X), D. Anselmus Davril et D. Linus Donnat, Éd. K. Hallinger (1984). Nous devons la connaissance de ce document à l'obligeance du père Lin, de l'abbaye de Saint-Benoît-sur-Loire, qui nous l'a communiqué.

se développe ailleurs qu'à l'*occursus*, ce qui donne à la voix organale une autonomie plus grande.

Développement des mélismes : autour de Saint-Martial de Limoges

Au XIIe siècle, c'est encore en France, mais plus au sud, que se manifeste la plus intense activité créatrice. Centre religieux et musical très fécond dès la seconde moitié du IXe siècle, l'abbaye Saint-Martial de Limoges, où avait proliféré l'art des tropes, séquences et *versus*, fournissait un terrain favorable au développement de la polyphonie naissante.

En témoignent environ 70 pièces polyphoniques figurant dans 4 des quelque 20 tropaires que, par commodité, on appelle « martialiens » parce qu'ils se trouvaient dans la riche bibliothèque du monastère. En réalité, on trouve là regroupées des pièces en provenance du sud-ouest de la France et du nord de l'Espagne. Saint-Martial a profité de sa situation privilégiée de point de rencontre sur la route des pèlerinages à Saint-Jacques-de-Compostelle et de son rayonnement pour connaître et collationner les initiatives en ce domaine. D'où la préférence des historiens pour l'expression moins restrictive de « polyphonie aquitaine ».

L'apport le plus significatif de ce répertoire est l'introduction des mélismes dans la *vox organalis* et, par voie de conséquence, l'allongement proportionnel de la durée des notes de la *vox principalis* : on s'achemine donc vers un moindre emploi du note-contre-note ou du neume-contre-neume qui avait prévalu auparavant.

L'ancien usage que l'on continue à nommer *discantus* (déchant), et qui en vient donc à désigner les sections en style quasi syllabique ou même *sine littera* (sans texte), se maintient en concurrence avec les passages qui se développent surtout en début ou fin de vers, annonçant ainsi la pratique parisienne du *conductus cum caudis* (avec développements).

Un autre aspect de ce répertoire dit de Saint-Martial (que l'on croit, au moins partiellement, contemporain

■ Personnage jouant de la *tuba cornea* et du psaltérion. *Tonaire* (recueil d'exemples pour les tons d'église ; ici VIIe ton) de Saint-Martial de Limoges. (Paris, BNF, ms. lat. 1118, f° 111.)

■ Le roi David jouant du *crwth* (nom gallois de la lyre à archet). (BNF, ms. lat. 1118, f° 104.)

et non plus antérieur à celui de Notre-Dame de Paris) est de présenter en majorité (les deux tiers) des pièces non officielles de la liturgie [4]. Les pièces strophiques, accentuées et rimées, sont appelées *versus* limousins et ne constituent souvent que des développements tropés à partir de pièces très connues (le graduel de Noël, *Viderunt omnes fines terrae…* par exemple). L'une d'entre elles, le *Viderunt Emmanuel*, existe également sous forme monodique, dans l'office de la Circoncision de l'archevêque de Sens, Pierre de Corbeil (xiie siècle), preuve du très relatif intérêt de la localisation géographique des documents. En voici le texte dont sont soulignées les syllabes porteuses de développements mélismatiques, dans lesquels les deux voix conduisent des vocalises en *discantus* où prédomine le mouvement contraire :

Intonation du répons : Viderunt*

Emmanuel,
Patris unigenitum,
In ruinam Israël
Et salutem positum ;
Hominem in tempore,
Verbum in principio,
Urbis quam fundaverat,
Natum in palacio.

Trope d'interpolation

Suite du répons : Omnes fines terrae…

Sauf pour quelques pièces contenues dans le manuscrit le plus ancien et dont la lecture est hypothétique, l'exploitation musicale de ces textes commence à être moins aléatoire que pour les œuvres antérieures : les voix écrites l'une au-dessus de l'autre à l'aide des neumes diastématiques à points, sur lignes tracées à la pointe sèche, sont lisibles mélodiquement et harmoniquement. Seul le rythme laisse encore place à bien des débats.

4. C'est-à-dire en marge des prescriptions ecclésiastiques pour la messe ou les heures de l'office.

Même si elles ne sont que d'assez peu antérieures à celles de Notre-Dame, les polyphonies de Saint-Martial marquent une étape importante vers une polyphonie plus libre et plus ornementale encore, l'*organum* mélismatique, dont Paris reprendra le flambeau.

Un livre de pèlerinage : le *Codex Calixtinus* (milieu du XIIᵉ siècle)

Un précieux manuscrit conservé à Compostelle, mais d'origine française, témoin de l'intense ferveur populaire à l'égard de saint Jacques, apporte un complément d'information sur l'état de la musique vers le milieu du XIIᵉ siècle. Ce document composite, que l'on croit aujourd'hui avoir été réalisé par un ancien moine de Cluny, Aimeri Picaud, prêtre de Parthenay, et divers collaborateurs tant à Vézelay qu'à Compostelle, est présenté sous l'autorité du pape Calixte II, d'où son nom de *Codex Calixtinus*. Il contient, en complément des pre-

■ Apporté à Compostelle dans les années 1139-1140, ce codex, écrit en neumes aquitains diastématiques, est le plus ancien document de musique polyphonique de la péninsule Ibérique. (Cathédrale de Saint-Jacques-de-Compostelle, *Codex Calixtinus*, f° 217r°.)

mier et cinquième des cinq livres, les offices et les
messes de la Vigile, de la fête du martyre de l'apôtre,
ainsi que de l'octave, en chant grégorien selon l'ordonnance romaine. Les pièces se succèdent dans l'ordre
même de l'office. Une sorte d'appendice groupe une
vingtaine de polyphonies, toutes à deux voix, sauf
Congaudeant catholici, seule pièce à trois voix – ou peut-
être à deux voix, auxquelles on a pu ajouter plus tard
une voix plus mélismatique –, qui nous soit parvenue
de cette époque. Hormis celle-ci qui serait due à un certain Maître Albert de Paris, chantre à Notre-Dame de

LE *CODEX CALIXTINUS*
F° 185

Sur la même page du manuscrit figure, en haut le
« versus » en latin *Nostra phalanx*, strophique
avec refrain *(Angelorum in curia)*, attribué à Aton,
et en bas le *Congaudeant* à trois voix qui serait,
comme on peut le lire à droite, au-dessus de la portée, du *Magister Albertus parisiensis*, l'un des prédécesseurs de Pérotin. La notation en neumes sur portées de quatre lignes pourvues de clés (F = fa) permet
une lecture assez aisée des sons mais n'indique pas
la durée des notes ; seules des barres verticales en fin
d'incise, à la manière de nos barres de mesure, précise quelque peu l'organisation rythmique.

Le caractère des voix peut varier : parfois elles
sont écrites en déchant assez strict neume-contre-
neume ; parfois la *vox organalis*, plus virtuose,
compte jusqu'à 7 notes pour une dans la *vox principalis* au registre inférieur. La notation du *Congaudeant* présente un grand intérêt du fait que les deux
voix inférieures en déchant sont indiquées à l'aide
de deux couleurs d'encre sur la même portée et la
vox organalis sur une autre portée. Ce versus comporte comme refrain une *cauda* vocalisée sur les
mots *die ista*.

■ *Codex Calixtinus,* f° 185r°. (Cathédrale de Saint-Jacques-de-Compostelle.)

1147 à 1180, toutes sont attribuées à des personnages connus, peut-être fictifs, sans doute pour profiter du patronage de noms célèbres comme les évêques Fulbert de Chartres, Gozelin de Soissons, Aton de Troyes, et l'une, l'hymne *Ad honorem Regis Summi*, signée du compilateur lui-même, Aimeri Picaud.

Comme dans le répertoire de Saint-Martial, les deux styles de déchant et d'*organum* se côtoient dans des *conductus* et des tropes à la manière limousine. Mais on y trouve aussi une intéressante anticipation sur la pratique parisienne : seules les parties pour solistes de chants responsoriaux, graduel et alléluia de la messe du jour, ainsi que quatre répons de l'office sont polyphoniques.

Ce *Liber Sancti Jacobi*, initiation très complète destinée aux pèlerins qui pouvaient y trouver sermons et prières chantées (livre I), relation des miracles de saint Jacques (livre II), translation des reliques (livre III), une chronique de Turpin sur la conquête de l'Espagne par Charlemagne (livre IV), un guide – quasi touristique – sur les routes, gîtes et curiosités du parcours (livre V), et enfin le supplément musical que nous venons d'évoquer, apporte donc de surcroît la preuve du rayonnement sur toute l'Europe occidentale des centres religieux français comme Saint-Martial de Limoges et Cluny où venaient étudier et se former des clercs, en l'occurrence galiciens, à qui sont dues les spécificités locales du document.

Ce coup de projecteur sur l'activité musicale, en un point donné et à une période donnée, montre que s'installent des habitudes et des possibilités artistiques nouvelles. Expérimentées et suffisamment admises par les autorités religieuses, ces pratiques pourront s'épanouir en un lieu où se concentre l'activité artistique et intellectuelle grâce à l'autorité, au prestige et au pouvoir politico-économique du trône de France, Paris et son école cathédrale.

LA SUPRÉMATIE PARISIENNE

(FIN XIIᵉ-XIIIᵉ SIÈCLE)

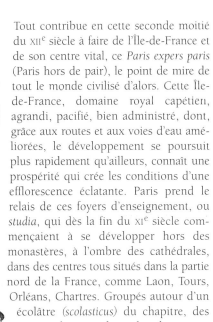

Tout contribue en cette seconde moitié du XIIᵉ siècle à faire de l'Île-de-France et de son centre vital, ce *Paris expers paris* (Paris hors de pair), le point de mire de tout le monde civilisé d'alors. Cette Île-de-France, domaine royal capétien, agrandi, pacifié, bien administré, dont, grâce aux routes et aux voies d'eau améliorées, le développement se poursuit plus rapidement qu'ailleurs, connaît une prospérité qui crée les conditions d'une efflorescence éclatante. Paris prend le relais de ces foyers d'enseignement, ou *studia*, qui dès la fin du XIᵉ siècle commençaient à se développer hors des monastères, à l'ombre des cathédrales, dans des centres tous situés dans la partie nord de la France, comme Laon, Tours, Orléans, Chartres. Groupés autour d'un écolâtre (*scolasticus*) du chapitre, des clercs séculiers, dont le recrutement s'est amélioré, étudient les arts libéraux dans le cadre du *trivium* (grammaire, rhétorique, dialectique), et du *quadrivium* (arithmétique, géométrie, musique, astronomie).

■ Reconstruction du Temple de Jérusalem. Bible de Corbie, première moitié du XIIIᵉ siècle. (Amiens, bibl. municip., ms. 23, f° 116.)

Une forme de pensée plus rigoureuse voit le jour. La réflexion s'affirme, la dialectique impose un souci plus grand d'organisation logique de la pensée et de son expression. Il s'ensuit une bénéfique rationalisation dans l'élaboration de manuscrits désormais divisés en petits cahiers, ce qui permet le travail simultané de plusieurs scribes, non plus forcément dans le *scriptorium* d'un monastère, mais dans de véritables ateliers laïques, et la multiplication des documents. Grâce à cette organisation du travail, le répertoire de Notre-Dame connaîtra rapidement une diffusion internationale qui en fera un répertoire classique.

L'effervescence se manifeste en tout domaine dans une société devenue urbaine, commerciale et plus prospère. Paris s'agrandit, déborde la cité et intègre les différents bourgs de la rive droite et même les bourgs ecclésiastiques de la rive gauche, Saint-Victor, Sainte-Geneviève, Saint-Germain où prolifèrent de façon assez anarchique les lieux d'enseignement, ce dont le roi Philippe Auguste prendra acte dès 1180 en créant le premier collège pour les étudiants, avant qu'au milieu du siècle suivant la première université, la Sorbonne, voie le jour.

Les chantiers d'églises et cathédrales se multiplient. Après la basilique de Saint-Denis que Suger avait reconstruite de 1132 à 1144, voilà que débute l'édification de la future Notre-Dame en 1163, sous l'impulsion du nouvel évêque Maurice de Sully. La dédicace sera célébrée en 1182.

L'école de Notre-Dame : *organum* et conduit (vers 1150-1230)

L'art musical n'est pas en reste, au contraire. Bien que nous ne possédions aucune donnée biographique, nous savons par recoupement que l'activité en ce domaine, qui a commencé à décroître dans les grands centres de Saint-Martial et de Cluny, connaît à Paris un développement considérable qui suscite l'admiration. Nous avons déjà vu apparaître dans le *Codex Calixtinus* le nom d'un des acteurs de cette intense activité, ce *Magister Albertus parisiensis*, auteur de la première œuvre à trois voix qui nous soit parvenue, chantre, puis préchantre [5] à Notre-Dame, sans doute l'un des prédécesseurs des grands compositeurs dont les noms – à défaut des faits et gestes – ont été transmis par un auteur anonyme anglais en activité vers la fin du XIIIᵉ siècle à Paris. (Depuis les travaux du musicologue E. de Coussemaker, on désigne cet inconnu sous le terme d'« Anonyme IV ».)

L'auteur fait référence à des compositeurs et cite même des œuvres qui leur sont dues et qui, figurant dans de grands manuscrits, permettent de jeter quelque lumière sur cette époque où les attributions d'œuvres font cruellement défaut.

Le premier en date, Léonin, à qui est attribuée la composition d'un corpus polyphonique noté et appelé *Magnus liber organi de gradali et antiphonario* (grand livre d'*organum* pour le graduel et l'antiphonaire), écrit entre 1150 et 1200, *pro servitio divino multiplicando* (pour magnifier le service divin), était réputé comme auteur de vers latins. Chanoine de Notre-Dame, il serait le premier maître de chœur de la toute nouvelle cathédrale. Qualifié par l'Anonyme IV d'*optimus organista* (excellent compositeur d'*organum*), il a en effet exercé son activité – pense-t-on – de 1150 à 1201. Mais ce *Magnus liber* n'a pas été retrouvé dans son état premier, puisque, selon l'Anonyme IV, il a été remanié par Pérotin. Aucune pièce ne peut donc être attribuée à Léonin en toute certitude. Seules les coïncidences entre le contenu de quatre des principaux manuscrits de polyphonie parisienne (hélas tardifs, car ils datent au plus tôt des années 1230 ou même de la seconde moitié du siècle) et les propos de l'Anonyme IV permettent, par déduction, d'imaginer le contenu du recueil initial. Il est habituel de considérer que Léonin est l'auteur d'*organa dupla* (à deux voix) et de *clausules* (sections d'*organum*

5. Préchantre : premier chantre, chargé de donner le ton, de diriger le chant sacré et d'enseigner.

Culture l'Evêque

Ville l'Evêque

St Hon.
cuvers.
Le nouveau Bout
S. Germain

et Parc de
La P.se R. Blanche

Ch. du Louvre

Bou
NE

Pré aux Clercs

Abbaye S.t Germain des Prés

Maladerie

Palais d'
Thermes

Hôtel de Vauvert
Bâti par le Roi Robert

Clos du
Roi

Clos de
France
Gourson

N.D. des Champs
ou aux Carmelites

PLAN DE PARIS

TEL QU'IL ETAIT AU XII.me SIECLE

Dessiné par A.R. FREMIN.

Eleve de M.r Poirson.

1821.

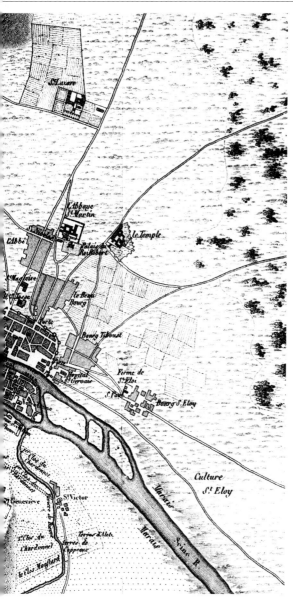

■ Ce plan de Paris au XIIᵉ siècle montre l'extension de la ville de part et d'autre de la cité : au nord, en direction de l'abbaye Saint-Martin et du Temple ; à l'ouest, vers Saint-Germain-l'Auxerrois et le Louvre sur une rive, vers Saint-Germain-des-Prés sur l'autre ; au sud, vers les Thermes et la montagne Sainte-Geneviève. (Bibl. de la Ville de Paris.)

pouvant se substituer à une autre), elles aussi à deux voix ; mais, aujourd'hui, certains pensent, vu l'imprécision des termes (*organum* désignant à la fois un procédé et un genre), que le *Magnus liber* de Léonin pouvait compter aussi des *conductus* (voir Index) et même des compositions à trois voix. « Bien que l'Anonyme IV ne le cite pas à propos des compositions à trois voix, il n'y a aucune raison de supposer qu'il n'écrivit qu'à deux voix », dit dans la préface de l'édition monumentale en cours du *Magnus liber* le musicologue Edward H. Roesner. La partie due à Léonin dans les deux manuscrits les plus complets, Wolfenbüttel 1206 (W2) et *Pluteus 29* de Florence, serait donc plus importante qu'on ne le croyait. Et puisque l'original a disparu, nous n'avons donc pour en juger que des réaménagements successifs, « témoignage saisissant sur le processus de recomposition et de refonte » (Roesner), au gré de la diffusion et des goûts des scribes.

■ Lettrine d'une bible du XIIᵉ siècle présentant trois moines chantant au lutrin. (Paris, bibl. Mazarine, ms. 36.)

Quoi qu'il en soit, plusieurs constatations s'imposent sur les changements survenus au regard des textes antérieurs à l'école de Notre-Dame. L'habitude est désormais installée de chercher à réaliser des répertoires musicaux qui suivent l'année liturgique à partir de Noël, aussi bien sur les répons de vêpres (antiphonaire) que pour les répons de la messe (graduel), de privilégier les pièces du propre aux dépens des chants de l'ordinaire, peut-être plus souvent improvisés – *supra librum* (sur le livre) – et de ne traiter polyphoniquement que les parties des chants liturgiques traditionnellement confiées au soliste, à savoir la seule intonation (souvent un, deux ou trois mots lancés par le chantre) dont le chœur prend le relais en plain-chant, et la quasi-intégralité du verset, hormis le dernier mot que le soliste laisse au chœur. Comme auparavant, le chant liturgique, à la voix inférieure, sert de fondement à la composition nouvelle ; il peut se prêter dans la même œuvre aux deux manières de faire antérieurement expérimentées : 1) ou bien chacune des notes est étirée, de façon parfois considérable : par exemple près de 50 notes au *duplum* pour la seule première note et syllabe *Ju* de la *vox principalis*, dans l'*organum Judea et Jerusalem*, ce que l'auteur anonyme de la *Summa musice* appellera plus tard la *diaphonia basilica* (du fait que la *vox principalis* devenue teneur[6] se meut avec lenteur et donne une impression de stabilité) ; 2) ou bien, et parfois progressivement, la *vox principalis* évolue à une allure plus voisine de celle de la voix mélismatique, retrouvant le style que nous avons appelé style de déchant, et que l'auteur dont nous venons de parler nomme *diaphonia organica*. À ce moment de la composition, en général dans les versets des répons, chaque mot latin pourvu de sa mélodie et embelli par le déchant constitue ce que l'on appelle une clausule, sorte de petite section polyphonique individualisable et qui pourra éventuellement être remplacée par une autre, à l'occasion d'une autre fête.

---

6. C'est-à-dire exprimée en notes longuement *tenues*.

Cette toute nouvelle ampleur acquise par la polyphonie ne va pas sans quelque exigence dans le domaine de la notation. Si, dans la *diaphonia basilica* au caractère mélodique, rhapsodique fortement accusé, l'élan de la voix organale semble n'être contenu que par le simple butoir des concordances syllabiques en fin d'incises, la *diaphonia organica* nous met en présence d'une volonté délibérée d'organisation rythmique nouvelle, fondée sur des schémas appelés *modes* (latin : *modus*, manière d'être). Groupées de façon déterminée, les notes seront dites longues ou brèves et seront écrites en ligatures, plus rarement en notes isolées. En fonction des groupements, le chanteur percevra le mode rythmique qui se poursuit jusqu'à la fin de l'*ordo* (phrase musicale). Ainsi le premier mode, de loin le plus largement employé, se présente comme la succession d'une ligature dite *ternaria* (de 3 notes) et de ligatures *binarie* (pluriel de *binaria* : de 2 notes). Un petit trait vertical qui sera plus tard un signe mesuré de pause indique la fin des *ordines* (pluriel de *ordo*).

Ce n'est donc pas la forme de la note qui indique sa durée, mais sa situation dans l'*ordo* : tel est le principe de la notation dite modale. Reprenant les termes de la versification antique, on dit ce mode trochaïque (– ◡, longue brève) : *ternaria* suivie de plusieurs *binarie*. Le second dit iambique (◡ –, brève longue) est l'inversion du premier : *binarie* suivies d'une *ternaria*. Sans entrer dans le détail, signalons qu'il existe six possibilités types d'*ordo* avec toutefois des aménagements possibles soit du fait de la désintégration d'une ligature, soit de l'usage d'une plique, hampe ajoutée que l'on indique en transcription par une note barrée ♪, soit de la présence de formules ornementales descendantes en notes losangées que l'on appelle *conjuncturae* ou *currentes* et dont l'interprétation rythmique n'est pas très sûre. On peut résumer ainsi, en simplifiant à l'extrême, par le tableau suivant :

1er mode :	trochaïque	♩ ♪	longue brève	
2e mode :	iambique	♪♩	brève longue	
3e mode :	dactylique	♩ ♪♩	longue brève brève*	
4e mode :	anapestique	♪♩ ♩	brève brève* longue	
5e mode :	spondaïque	♩ ♩	toutes notes longues	
6e mode :	tribraque	♫♪	toutes notes brèves	

* Cette brève dont la valeur est doublée est dite *brevis altera* (brève différente).

Cette pratique mise en œuvre pour la première fois par Léonin et qui constitue l'un des apports fondamentaux pour la notation des sons est exposée dans plusieurs traités à peu près contemporains des manuscrits cités, parvenus entre autres par le truchement du dominicain Jérôme de Moravie, qui les englobe dans son *Tractatus de musica*, compilation réalisée à partir de 1272. Le plus ancien, le plus bref et le moins explicite, *Discantus positio vulgaris*, précède de peu dans le temps le substantiel traité de Jean de Garlande, *De mensurabili musica*, écrit vers 1240, premier exposé clair et complet des règles qui régissent la notation modale de la musique polyphonique.

Pérotin

Sans connaître davantage le personnage qui pourtant est hautement représentatif de la composition musicale au début du XIIIe siècle, nous sommes, toujours grâce à l'Anonyme IV, mieux informés sur l'activité de ce *Perotinus magnus* qui, ayant remis sur le métier le *Magnus liber*, l'abrégea *(abbreviavit eumdem)* et refit des clausules ou *puncta* (sections) meilleures car, dit-il, il était excellent compositeur de déchant *(optimus discantor)* et meilleur que ne l'était Léonin. Ce qui revient à dire qu'aux yeux des contemporains, Pérotin a introduit plus de mesure, de pondération dans l'effervescence mélodique des compositions de Léonin. Il faut toutefois remarquer que l'auteur semble peut-être regretter la liberté et la spontanéité de Léonin quand il précise : *Sed hoc non est dicendum de subtilitate organi* (Mais on ne peut en dire autant en ce qui concerne la subtilité de l'*organum*). Sans doute parle-t-il de la *diaphonia basilica,* puisque Pérotin est loué pour la qualité de ses clausules.

Les informations les plus précieuses fournies par cet auteur sont les titres d'œuvres retrouvées dans plusieurs manuscrits, le plus souvent en première place, preuve s'il en est de leur valeur reconnue et de leur notoriété. Il cite en effet, comme par ordre décroissant d'intérêt, *Viderunt* et *Sederunt* qualifiés d'*optima quadrupla* (excellents quadruples), *Alleluia, posui adjutorium* et *Alleluia Nativitas,* tous deux à trois voix ; des *conductus triplices* (conduits à trois voix) comme *Salvatoris hodie, duplices* (à deux voix) comme *Dum sigillum* et d'autres *simplices* (à une voix) comme *Beata viscera.* Ce relevé cohérent d'œuvres authentifiées permet de faire le point sur l'esthétique musicale strictement contemporaine de la toute nouvelle cathédrale Notre-Dame.

Au temps de Pérotin, la polyphonie, sans cesser d'exister à deux voix, tend à devenir plus complexe. Toujours employé dans les mêmes circonstances – répons de l'office ou de la messe – et dans le but d'embellir le service divin, l'*organum* se présente comme une œuvre ambitieuse d'une ampleur considérable, *cum abundantia colorum armonice artis* (avec abondance d'ornements musicaux) précise encore l'Anonyme IV. Désormais, au-dessus du chant liturgique devenu teneur (notes très longuement tenues), se trouve une deuxième voix que l'on n'appelle plus déchant, mais plutôt *duplum* (double), une troisième voix, *triplum* (triple), et éventuellement une quatrième, *quadruplum* (quadruple). L'*organum,* qui dorénavant désigne une forme, est dit *duplum, triplum* ou *quadruplum.*

Si nous observons l'un des *organa tripla,* nous pouvons constater que – hormis la rationalisation dans la conduite des voix – rien de fondamental ne le distingue des *organa dupla.* On peut fort bien concevoir qu'une voix de *triplum* ait été ajoutée par la suite, quitte à ce que des transformations mineures aient pu aménager quelque connivence entre les deux voix organales. Toutefois, des signes d'organisation du discours apparaissent, comme ces séquences mélodiques qui se distinguent deux à deux par leur finale :

ou encore l'utilisation bien connue du double cursus avec ouvert et clos [7] et ce qui parfois évoque une amorce d'imitation.

Mais c'est dans l'*organum quadruplum* qu'apparaît en pleine lumière le génie organisateur de Pérotin. La polyphonie y est fortement structurée, obéissant à des critères internes si contraignants que, pour la première fois, on est amené à penser à une composition simultanée des parties, alors que l'on tenait jusqu'ici pour acquis que les voix s'entassaient l'une après l'autre, tenues qu'elles étaient par le respect des seules consonances. Deux exemples montreront qu'il est impossible que l'ensemble n'ait pas été conçu simultanément ou du moins fragilisent fortement ce point de vue. Ils sont extraits du début de ce monument de « méditation musicale » – pour peu que l'on n'en rudoie pas l'expression – qu'est l'un des deux quadruples cités par l'Anonyme IV, le graduel du 26 décembre, *Sederunt*.

Dans un premier temps, trois éléments mélodiques se superposent, dont le seul point commun est le recours au troisième mode rythmique (longue suivie de ligatures ternaires ;), faisant alterner finales ouvertes et closes ; au-dessus de cette manière de bourdon que fait entendre le chœur en chantant la première note immensément étirée en teneur :

---

7. C'est-à-dire la répétition d'une même phrase avec note finale suspensive la première fois, et finale conclusive, la seconde.

le deuxième exemple, dont la durée est double, est la suite presque immédiate de ce même *organum*. En plus du système de double cursus avec ouvert et clos que nous venons d'observer, est exploité un procédé que l'on peut déjà apercevoir, mais de façon fugitive, dans quelques tropes de Saint-Martial, l'échange de voix que les musicologues allemands, les premiers à le signaler, appellent *Stimmtausch* : le *duplum* chante une phrase qui sera ensuite reprise à la note près par le *triplum* ; le *triplum* agit de même avec le *quadruplum* ; et le *quadruplum* reproduit le *duplum* :

Ce jeu de marqueterie musicale, commenté par Jean de Garlande avec exemples pour la conduite de deux voix, mais étendu ici à tout le tissu polyphonique, est l'un des procédés fondamentaux de la composition pérotinienne, et cela sans esprit de système, avec une habileté de palette dans la transformation du flux sonore qui interdit toute lassitude dans l'écoute. Il faudrait aussi apprécier dans le détail le subtil calcul des épisodes, leur équilibre et même leurs échanges, ainsi que la préparation soigneuse des changements de degrés de la teneur, qui modifient tellement la couleur qu'ils laissent l'impression d'une modulation, et l'animation en notes brèves dans la courte *copula* qui annonce le retour au simple chant liturgique de la suite du répons par le chœur à l'unisson.

Les deux exemples cités nous fournissent un double enseignement : d'une part, nous l'avons dit, de linéaire la polyphonie est devenue combinatoire et, comme telle, anticipe sur la pratique de composition simultanée ; d'autre part, il apparaît clairement qu'est recherchée une nette spécificité des timbres. Comment expliquer autrement ces échanges (parfois très brefs, comme le croisement au début de B et C dans le dernier exemple) entre voix de même hauteur ? On constate donc dans ces œuvres monumentales, dont nous savons indirectement, par un décret de l'évêque Eudes de Sully, qu'elles furent exécutées en 1198-1199, une prise de conscience de l'importance des timbres, une préoccupation d'orchestration vocale d'autant plus évidente qu'elle est le fait de chanteurs solistes, voix d'hommes adultes, sousdiacres ou clercs.

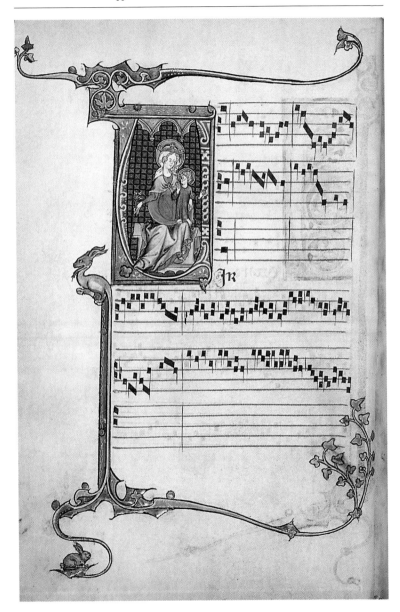

■ *Organum triplum* de l'école de Notre-Dame. Conçu comme
un embellissement du chant liturgique, l'*organum* prend appui
sur lui et le transforme en teneur. Les quelques notes empruntées
à la liturgie (ici : *fa, sol, fa* sur la portée inférieure) et qui
constituent la seule intonation (incise liminaire confiée
aux solistes) du répons *Virgo, flagellatur, crucianda fame,
religatur...* (la suite du répons est chantée par le chœur à
l'unisson) sont tellement allongées pour permettre les vocalises
qu'elles deviennent *immensurabiles* (impossibles à mesurer) :
il n'existe pas en effet de graphie qui puisse les exprimer.
L'organum se présente donc, dans les manuscrits, en partition ;
les voix sont superposées système par système et non écrites
en voix séparées comme ce sera la règle jusqu'au XVIIᵉ siècle
pour toute musique polyphonique. (Montpellier, bibl. de
la faculté de médecine, ms. H196, f° 5v° et f° 6v°.)

Comme dans tout répons, après cette première section, intervient le verset. Le texte littéraire beaucoup plus long exige une accélération du rythme de la teneur qui ira en s'accentuant – c'est la *diaphonia organica* – jusqu'à rejoindre presque celui des voix organales : ce qui produit une effervescence vocale du plus bel effet avant le retour au chœur qui, à l'unisson, termine la vocalise sur le dernier mot. C'est dans cette partie de l'*organum* que chaque mot-musical du verset, embelli par les voix organales, constitue une *clausule* ou *punctum organi* (point d'orgue = fragment d'*organum*). Le jour où l'on imaginera de placer des syllabes sur ces vocalises à la manière des tropes dans le plain-chant, on verra apparaître le motet. Et c'est par le biais de ce désir d'adjonction de textes que les clausules de substitution auront le plus d'avenir, en renouvelant l'*organum* par l'intérieur (d'où ces nombreuses clausules entassées l'une après l'autre dans les manuscrits). Ce désir de renouvellement au moindre frais, sans que soit élaborée une vaste architecture nouvelle, contribuera toutefois également à la banalisation et à l'étouffement de l'*organum*.

Le caractère fonctionnel, liturgique de l'*organum* fait un peu passer au second plan un autre genre pourtant très vivant et dont le développement était annoncé dans la production de *versus* de Saint-Martial, le *conductus* (conduit), primitivement chant de conduite, destiné à accompagner les mouvements des célébrants, mais vite devenu moins religieux, voire irrespectueux. Non liturgiques, même si elles sont employées dans le sanctuaire, ces œuvres monodiques (*conductus simplex*) ou polyphoniques (*duplex*, à 2, *triplex*, à 3, *quadruplex*, à 4), écrites sur des poèmes latins sans cesse renouvelés, présentent une particularité de taille : ne s'appuyant pas sur un chant liturgique, le conduit se trouve donc être une œuvre le plus souvent totalement originale, sans matériau emprunté comme la teneur de l'*organum*. Mais les habitudes de composition restent les mêmes : on procède par stratification. C'est ce qu'affirme de façon extrêmement explicite le théoricien du XIIIe siècle, Francon de Cologne :

Qui vult facere conductum, primum cantum invenire debet
pulchriorem quam potest. Deinde uti debet illo ut de tenore
faciendo discantum. (Celui qui veut faire un conduit doit
d'abord inventer un chant le plus beau qu'il peut.
Ensuite, il doit s'en servir comme d'un ténor pour
écrire un déchant.)

Comme l'*organum*, le conduit polyphonique est écrit
en partition, mais le texte, le plus souvent syllabique, est
noté sous la seule voix inventée, la plus grave, et qui, par
habitude, conserve le nom de teneur sans en avoir le
caractère. De ce fait, on considère que les voix organales
qui contrepointent la teneur doivent prononcer les
mêmes paroles, ce qui fait du conduit une œuvre homorythmique, dont l'esthétique serait donc essentiellement
différente du style de l'*organum mélismatique*, d'autant
plus qu'il est le plus souvent strophique. Mais on
constate dans les deux tiers des conduits la présence de
mélismes sur une syllabe quelconque, bien sûr le plus
souvent la pénultième. Ces développements de musique
pure, ornementale, contrastent fort avec le débit syllabique du reste du conduit et sont désignés sous le nom
de *cauda* (la queue). On parle de *conductus cum cauda*.
Déjà amorcé dans quelques *versus* limousins, le procédé
connaît au tournant du siècle un développement considérable, surtout dans la forme de conduit à deux voix
qui représente le plus grand nombre (les conduits à trois
voix sont beaucoup moins nombreux, et comportent
moins de mélismes). Pourtant, on verra décroître, dans la
première moitié du siècle, l'intérêt pour ce type de composition au profit du motet, qui s'imposera bientôt
comme le genre dominant.

La domination du motet (XIIIᵉ siècle)

Dès le deuxième quart du siècle, il semble que la production d'*organa*, minée de l'intérieur par le développement
des clausules, se soit essoufflée, au moins en France, et
que le conduit, devenu plus profane et éventuellement
polémique, ait connu un moindre succès. Parallèlement à

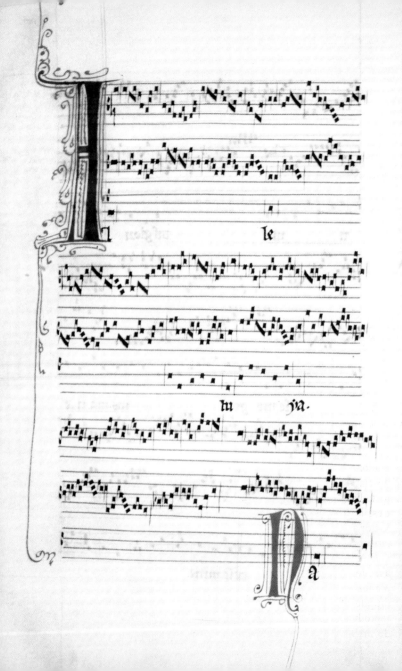

le

lu ia.

a

cette décrue, on voit figurer dans plusieurs manuscrits des pièces qui jusqu'ici avaient peu connu les faveurs des compositeurs. Il s'agit des éléments fixes de chaque messe, appelés pour cette raison *ordinarium misse* (ordinaire de la messe) : des *Kyrie, Sanctus, Agnus Dei* éventuellement tropés. Sans doute d'abord improvisés *supra librum*, ces arrangements, dont on avait déjà remarqué quelques ébauches dans le *Codex Calixtinus* (par ex. le trope de *Kyrie Cunctipotens* au fº 190), se trouvent rassemblés en séries par genre dans le manuscrit de Wolfenbüttel 1 (W 1) réalisé vers 1230, sous la rubrique *Missa de sancta Maria* (fascicule XI) et dans le manuscrit composite plus tardif (vers 1300) compilé pour le couvent de Las Huelgas en Castille. Ces pièces déjà anciennes sont, peut-être, partiellement d'origine parisienne ou du moins ont été influencées par le style de l'école de Notre-Dame. Ensemble non négligeable de courtes œuvres, sans ambition mais manifestant de réels talents, où l'on peut glaner certains déchants fort bien venus, comme le traitement à deux voix de la séquence du chapelain Wipo, *Victimae paschali laudes* (fº 54), ou même l'apparition de contrepoint renversable dans le bref trope d'*Agnus Dei, Regula moris* (fº 19) à trois voix.

Ce répertoire, toutefois, qui trouvera plus tard un écho dans la constitution de la messe, se situe très nettement en retrait derrière l'énorme production de motets durant tout le XIIIᵉ siècle. Le lent processus de désintégration de l'*organum* est entamé ; d'abord sous la forme de clausules de substitution : simple renouvellement mélodique ou réemploi de structures éprouvées comme c'est le cas dans un manuscrit de l'abbaye de Saint-Victor avec ses 40 clausules sans autre texte que le motteneur (toutes à deux voix, sauf les deux premières), ou encore dans les deux derniers fascicules de clausules avec texte pour la voix organale (donc de motets) du manuscrit *Pluteus 29*. L'emploi se perpétue, mais en introduisant les motets dans son déroulement, l'*organum* reproduit le phénomène de dislocation par syllabisme du mélisme de plain-chant dans le trope. L'esthétique

■ *Organum triplum* de Pérotin sur le répons *Alleluia Nativitas* (seule la première syllabe du verset *Nativitas* est visible en bas du folio). (Helmstadt, Herzog August Bibliothek, ms. Wolfenbüttel 2, olim 1099, fº 16rº.)

s'en trouve profondément modifiée même si des mots ajoutés sur les mélismes, et qui ne sont que le commentaire développé du mot-teneur, passent pour un enrichissement.

Le plus souvent, ces courts motets sont à deux voix, la voix organale avec le texte prenant elle-même le nom de motet, si bien que le terme de motet désigne à la fois la voix placée au-dessus de la teneur et l'ensemble de la clausule tropée. Mais il arrive, dans les débuts du genre, que des clausules à trois, ou même rarement à quatre, soient dotées d'un même texte latin assez homorythmique disposé en partition, la teneur étant reléguée dans un coin laissé libre du folio (par ex. *Pluteus* 29, f° 381). Par là, le motet rejoint la manière du conduit, et l'on est fondé alors à parler de motet-conduit. Mais ce type de composition se révélera sans avenir tant est grand le plaisir de gloser à l'infini, ou mieux, de multiplier les gloses en les diversifiant. C'est en définitive cette esthétique si étrange pour nous du motet pluritextuel qui s'imposera de façon absolue et qui aidera le motet à rompre les amarres avec la forme mère de l'*organum* pour vivre une vie propre, de plus en plus à l'écart de toute préoccupation liturgique pratique. Ne restera que la présence obstinée, comme teneur, d'un mot liturgique et musical emprunté qui garde, quoi que l'on en dise, une signification mélodique pour les clercs dont la culture repose sur un répertoire mémorisé.

La présence de paroles à raison d'une syllabe par note, ou peu s'en faut, atomise ce qui fut mélisme et perturbe fort la notation modale qui reposait sur un enchaînement de ligatures. Les exceptions se multiplient, *fractio modi, extensio modi* (fragmentation, extension du mode), au moins dans une voix. C'est ce dont prendra acte vers 1260 le plus grand théoricien après Jean de Garlande, ce Francon de Cologne (ou de Paris, si en définitive il s'agit d'une seule et même personne) dans son *Ars cantus mensurabilis*, où prend naissance une véritable notation mensuraliste dans laquelle les

À QUOI RECONNAÎT-ON UN MOTET ?

Conçu à partir d'une clausule d'organum sur la voix organale de laquelle on a adapté des paroles, le motet est par essence et d'emblée pluri-textuel puisqu'il comprend au moins un texte ajouté en plus de la teneur, elle-même porteuse d'un mot. Il est donc logique – et indispensable – pour citer un motet d'indiquer les premiers mots des différents textes, que l'on sépare d'un trait incliné et enfin la teneur.

Ainsi le motet double, *A la clarté qui tout enlumina nostre grant ténébror / Et illuminare* (Mo. f° 237) ; le motet triple *Dieu, je fui ja près de joïr / Deus, je ne puis la nuit dormir / Et super* (Mo. f° 208).

formes de notes commencent à avoir par elles-mêmes une signification rythmique, autrement que par un groupement à l'intérieur de *perfections* ternaires. Les transformations se font bien sûr progressivement et l'on peut distinguer une période préfranconienne, vers 1225-1260, à laquelle appartiennent les manuscrits de Bamberg et de Las Huelgas, ainsi que les six premiers fascicules du manuscrit de Montpellier H 196 ; une période franconienne proprement dite, complétée, en quelques domaines par Pierre de la Croix (d'où l'expression : écriture pétronienne) pour les fascicules VII et VIII du manuscrit de Montpellier.

L'historique du motet est malaisé à établir du fait que les manuscrits sont composites, peu homogènes et juxtaposent des œuvres d'époques différentes. La tentation est grande de valoriser un manuscrit en plaçant en bonne position des pièces connues et appréciées, donc un peu anciennes, comme certains grands *organa* ; d'autre part, la logique paraît absente à l'intérieur de certains fascicules où le groupement répond plutôt à la commodité (par exemple, un même nombre de voix) qu'à un choix esthétique ou un souci chronologique. Le motet est loin d'être un genre uniforme et se diversifie selon les besoins, envahissant l'ensemble de la production, ce dont la multiplication des sources est le reflet. Les réemplois de telle ou telle voix, ou même de l'ensemble avec textes différents, mêlant parfois latin et français avant que ne s'impose la langue vernaculaire, les transformations de plus ou moins grande ampleur sont monnaie courante et peuvent dérouter le lecteur d'aujourd'hui.

Tentons de tracer l'évolution du genre. Les étapes pourraient être les suivantes. Les plus anciens seraient les motets à deux ou trois voix du *Pluteus* 29, tous en latin et de caractère religieux (même si parfois le scribe a oublié d'indiquer le mot-teneur en bas de la page !) ; ils semblent bien appartenir à l'école de Notre-Dame et relever du genre de la clausule de substitution. Dans un deuxième temps (septième fascicule du manuscrit Wolfenbüttel 2, et plus encore les fascicules suivants), le français apparaît dans des motets où le rapport à la liturgie est au moins inconstant : on trouve par exemple, proches l'un de l'autre, le motet *A ma dame ai tout mon cuer donné / Hodie perlustravit* (f° 137v°) et quelques folios avant (f° 125), l'autre motet-conduit incontestablement religieux *O Maria, maris stella / Veritatem*. Enfin le dixième et dernier fascicule du même manuscrit ne comporte plus que des motets français ayant définitivement rompu tout lien liturgique et ne gardant de leur origine que la présence de la teneur empruntée. Présence pourtant toujours signifiante pour des clercs qui connaissent de mémoire l'original, dont le motet est l'une des distractions, et qui prennent plaisir à constater le traitement rythmique que l'auteur fait subir à l'emprunt et la parure poético-musicale dont il le revêt. Peut-être peuvent-ils éprouver quelque joie à encanailler le genre en réalisant d'audacieuses juxtapositions de profane et de sacré, de latin et de français. Le motet est devenu de toute évidence affaire de connaisseurs, de cercles étroits de musiciens et de lettrés.

Dorénavant, et contrairement à ce qui prévaut dans le conduit, le motet n'est plus écrit en parties superposées. Du fait que l'esthétique va dans le sens d'une individualisation très marquée des voix, tant pour le texte qui n'est plus jamais le même d'une voix à l'autre, que pour le contour mélodique et pour le rythme, la disposition des voix se fait différente dans les manuscrits. Là encore, il n'y a pas d'attitude standardisée, mais certaines habitudes s'instaurent. Les voix sont notées sur chaque folio en deux colonnes, et le ténor dans la place laissée libre, en général en portée continue au bas de la page, ou dans un blanc que rend disponible l'une des voix plus courtes.

Le manuscrit de Bamberg

C'est le cas pour tout le manuscrit de Bamberg, sauf pour les derniers feuillets. Cette collection assez homogène est constituée selon un classement quasi alphabétique à partir de la voix de *motetus* (ou *duplum*, termes équivalents dorénavant) de 107 motets triples soit latins, soit français (à peu près à égalité) et 7 mixtes, auxquels s'ajoutent, en pleine page, 7 pièces apparemment instrumentales sans texte, dont 6 sur la teneur *In seculum* (du graduel de Pâques). Beaucoup de ces motets sont strictement profanes, et l'on est en droit de s'interroger sur les extravagances d'un genre où le soubassement religieux fait figure de corps étranger. D'autant plus que le chant emprunté au répertoire sacré cesse le plus souvent d'en conserver – au moins en apparence – le flux mélodique, car il devient habituel de lui faire subir de curieux découpages rythmiques qui le dénaturent. Certains pensent même que, réduite à l'état de structure sans vie (exprimée en ligatures, la teneur se trouve découpée en petites cellules que l'on peut dire isochrones, du type $\frac{6}{8}$ ♩ ♪ ♩ , ou encore ♩ ♩ ♩ ♩ ♪ , etc.), cette teneur devrait être confiée à un instrument. Même si la chose a dû être pratiquée, c'est peut-être aller trop vite en besogne car, encore une fois, ces teneurs vivaient dans toutes les mémoires et il est hors de doute qu'elles n'étaient pas purement mécaniques mais participaient à l'expression de l'ensemble.

À titre de preuve, il suffira d'attirer l'attention sur un des motets, latin et religieux ou de dévotion, sinon liturgique (il y en a encore près de la moitié dans ce corpus) dans lequel au-dessus de la teneur *Haec dies*, intonation du graduel de Pâques, exprimée deux fois car elle est trop brève, le *motetus* chante la louange du Christ rédempteur « né en ce jour d'une vierge » (*Cum sit natus hodie de Virgine*), affirmation reprise dans la voix de *triplum* qui nous incite à penser à la « douceur céleste » (*Ut celesti possimus frui dulcedine*) : bel exemple de syncrétisme religieux qui en un seul motet réunit Noël et Pâques, et qui réduit à néant les affirmations des tenants d'une teneur devenue sans rapport avec les voix organales et sans intérêt autre que structurel.

Le manuscrit de Montpellier

Mais le corpus le plus important de motets est le fameux manuscrit de Montpellier dont les 345 numéros d'œuvres regroupent une incroyable variété de situations.

Sauf le cas particulier du fascicule 4 dont les 22 motets sont religieux et en latin, et quelques autres dans le fascicule 8 où la dévotion refait son apparition, il faut reconnaître que la majeure partie des motets est profane, même si le processus de composition sur teneur liturgique est maintenu par les clercs musiciens, à quelques rares exceptions près, comme le n° 164 *Flor de lis, rose espanie / Je puis, amis les maus andurer / Douce dame que j'aim tant*, édifié sur la ballette *Douce dame*.

À vrai dire, ces teneurs ne sont pas très variées, extraites très fréquemment de pièces liturgiques connues et simplement indiquées en début de portée comme un incipit : *Veritatem, Omnes, In seculum, Manere*, etc. ; mais le traitement en est fort diversifié. Elles sont parfois maintenues dans leur intégrité en notes égales, souvent présentées deux fois parce qu'elles sont trop brèves, ou découpées en petits fragments plus ou moins iso-

LE MANUSCRIT H 196
DE LA FACULTÉ DE MÉDECINE
DE MONTPELLIER

Ce manuscrit composite de 51 cahiers, groupés en 8 fascicules copiés par de nombreux scribes (jusqu'à 11) et enluminés à Paris dans les années 1260-1280, est une véritable somme du genre motet et donne un aperçu assez complet de la pratique polyphonique dans l'orbite de Notre-Dame. Mais le regroupement hétérogène des œuvres par nombre de voix ne fournit aucun critère d'appréciation pour l'évolution du genre.

Hormis le premier fascicule destiné à valoriser l'ensemble et présentant des œuvres de référence et déjà classiques comme plusieurs *organa* de Pérotin et les deux derniers fascicules 7 et 8 de la fin du XIIIe siècle, il est fort hasardeux de dater les pièces. Peut-être les fascicules 6 (75 motets doubles) et 5 (104 motets français triples) constituent-ils le corps le plus ancien du codex, mais que penser du fascicule 2, collection, de caractère rare, de motets quadruples dont certains sont déjà connus dans un état ancien, mais à trois voix seulement dans le manuscrit de Bamberg ? C'est le cas du n° 25, *A la cheminée / Ainc voir / Chansonnette / Par vérité* : une voix de triplum a été ajoutée et le *triplum* de Bamberg est devenu *quadruplum.* De plus, la teneur de Bamberg, *Veritatem,* a été traduite. Le fascicule 3 contient 11 motets à triple français et double latin, les plus étranges pour notre sensibilité puisque, par exemple, dans le motet n° 45, se superposent au-dessus de la teneur *Haec dies* des textes aussi différents qu'une supplique à la Vierge mère dans le double *Virgo virginum... Per te, Maria, detur venia* (Vierge des vierges... Par toi, Marie, que soit accordé le pardon) et dans le triple *Quant voi revenir d'été la saison,* qui dit la peine d'un galant « *pour le grand désir... de la bele Marion* ». Quant aux 22 motets à trois voix en latin et religieux qui constituent le fascicule 4, ils relèvent de la même esthétique que ceux de Bamberg. Signalons une curiosité : le n° 64, *Post partum / Ave, Regina glorie / Veritatem* qui chante la virginité de Marie et l'évoque comme « reine de gloire », se retrouve, à la note près, au n° 169 dans lequel, sur la même teneur, le double invite à entrer dans la danse *Tuit cil qui sunt enamourat** et la triple exprime la vindicte populaire contre les jaloux : *Li jalous par tout sunt fustat / Et portent corne en mi le front*** !

---

* Tous ceux qui sont amoureux, qu'ils viennent danser, mais les autres, non !
** Les jaloux sont partout rossés, et portent une corne au milieu du front.

Amours eust point de Renouveler

por ie mien deusse bien du noli tans

aperceuoir qui la seru mestuer cõ

e tout mon uiuant de Et er

cuer loiaumt mes ie aui

■ Deux motets du manuscrit de Montpellier. Contrairement à l'organum dans lequel
la durée des notes de la teneur ne peut être représentée graphiquement, le motet
dont la teneur est écrite en valeurs mesurables est toujours écrit en voix séparées.
Les dispositions peuvent être très variées, mais la constante est que la teneur, fragment
emprunté et connu de mémoire, est reléguée soit en bas de page, soit dans un espace
laissé libre.

On peut comparer deux présentations différentes : le motet à deux voix *La bele m'ocit,
Diex* (Dieu !), *qui m'en garira ? / In seculum,* dont le *duplum,* au texte assez développé,
a besoin d'être en pleine page alors que le fragment correspondant de
la teneur, écrit en ligatures, ne requiert qu'une ligne ; le motet à trois voix de Pierre
de la Croix qui présente, en colonnes, le début des trois voix sur le même folio :
à gauche, le *triplum,* plus long parce qu'il est écrit en valeurs plus brèves et comporte
plus de syllabes, *S'amours eüst point de poer* (pouvoir), *je m'en deüsse bien apercevoir ;*
à droite, le *duplum Au renouveler du joli tans,* moins long, laisse de la place pour
le début de la teneur, *Ecce,* écrite en valeurs longues et égales. (Montpellier, bibl. de
la faculté de médecine, ms. H 196, f° 270r° et f° 231r°.)

chrones, et il arrive même que chaque fragment soit répété deux fois (n° 207). Quand elles sont reprises sur un rythme différent, on parle du procédé de *dragma* défini par le théoricien Jean de Muris et l'on voit apparaître dans plusieurs motets une pratique qui se généralise : la fin de la teneur peut ne pas coïncider avec la fin d'un petit fragment rythmique isochrone ; dans ce cas, la mélodie reprend, mais elle n'est donc plus rythmiquement identique à la première présentation. Ainsi se manifeste une dichotomie qui deviendra monnaie courante en fin de siècle entre le timbre mélodique emprunté, qu'on appellera le *color*, et le rythme choisi, la *talea* (n° 102, sur la teneur *In seculum*). Ainsi travaillée, la teneur, bien sûr, tend à devenir un procédé et perd un peu de sa signification, surtout quand elle en vient à n'être qu'un mot peu signifiant comme *Ejus* (n° 145) ou des fragments de mots comme *Tatem*, fin du mot *Veritatem* (n° 123), ou même un mélisme, sans doute sans texte, que le scribe désigne par le terme *Neuma* (n° 139).

L'esthétique, et sans doute l'ambition, s'en trouve profondément affectée. D'œuvre qui tend à une manière de perfection par le fait que chaque élément constitutif entretient d'étroits et parfois subtils rapports avec une commune teneur, le motet en vient à n'être plus qu'un jeu intellectuel, une construction savante, mais qui se masque pour ne laisser apparaître que son caractère ludique. Ce n'est qu'œuvres plaisantes, tableautins qui ne sont pas sans évoquer les miniatures, évocations du renouveau de la nature, saynètes de caractère amoureux où l'on retrouve, insérés, des refrains de chansons dont le motet semble alors n'être qu'un développement (motet refrain n° 75 qui englobe les mots : *Douce Marot, grief sunt li mau d'amer. Amors ai, qu'en ferai ?*) et des personnages traditionnels comme Robin ou Marot.

Les deux derniers fascicules de Montpellier présentent un intérêt renouvelé. Le fascicule 7 débute par deux motets de Pierre de la Croix que Jacques de Liège dit, en les citant, avoir entendus à Paris, les n°s 253 et 254. On y constate un élément fondamental d'évolution dans la notation, dont les théoriciens Robert de Handlo et Jacques de Liège attribuent la paternité à Pierre de la Croix lui-même, l'usage d'un *punctus divisionis* (point de division). Organisant la division de la brève ■ en semi-brèves losangées, ce théoricien compositeur donne le coup de grâce à la rythmique modale et permet des combinaisons très variées. Désormais, la brève peut se subdiviser en un nombre variable de semi-brèves, de 4 jusqu'à 7, ce qui ne va pas sans accentuer encore la diversité de caractère entre les voix : le débit du *triplum* devient plus rapide, plus animé et, de ce fait, cette voix supérieure gagne en importance aux dépens surtout du *duplum* dont le texte poétique, nettement plus bref, obéit encore au cadre modal. L'occasion est ainsi offerte d'enrichir d'un *triplum* un motet préexistant : le motet n° 274 ajoute au motet double *Ne sai que je die / Johanne* (n° 185), pourtant assez pessimiste à l'idée de voir « vilonnie Et orguel et felonie Monter en haut pris », un triple badin qui dit la peine d'une « pastoure » se désolant à l'idée d'avoir vu Robin « *Marot mener Par la main u bois parfont pour jouer* ».

La teneur elle aussi va se transformer. En premier lieu, on y trouve davantage d'emprunts profanes, que ce soit des chansons dont on conserve la structure d'origine, comme dans le motet 269 qui respecte le déroulement du rondeau, sur les paroles bien connues d'Adam de la Halle : « *Hé réveille-toi, Robin, Car on emmaine Marot* », ou dont on développe une phrase (n° 256, sur la teneur *Bele Ysabelot m'a mort*). Quant à celle du n° 280, c'est une fatrasie poético-musicale constituée de refrains, dont le second est emprunté à *Renart le nouvel*.

Mais l'aspect musical le plus nouveau et qui connaîtra un développement au XIVe siècle, c'est le réemploi de la teneur avec valeurs abrégées dans la partie finale (n° 253) : effet très heureux du fait que, après un début où elle apparaît stagnante vu le débit nouveau du *triplum*, et par conséquent peu perceptible, la teneur

■ *Deus, in adjutorium intende* (Dieu, porte-toi à mon secours). Intonation liminaire de certaines des heures de l'office quotidien. Il n'est donc pas étonnant que les scribes, tous moines ou clercs, aient eu le souci de débuter leur travail par cette invocation que l'on trouve souvent en tête des manuscrits. Les trois voix sont superposées, et le texte latin disposé sous la seule voix inférieure : c'est la caractéristique du *conductus*. (Montpellier, faculté de médecine, ms. H 196, f° 1r°.)

retrouve une vitalité qui anime l'ensemble dans un bouquet final ; c'est ce que l'on appelle le *cantus per dimidium* que Vitry et Machaut généraliseront.

Quelques pièces de cette section tardive du manuscrit méritent une attention spéciale, parce qu'elles sont dues à un compositeur connu, Adam dit le Bossu de la Halle : les motets à refrain n°s 258 et 279, le motet-enté (c'est-à-dire greffé) composé à partir d'un refrain de rondeau, dont les deux éléments A et B encadrent, au *duplum*, un développement littéraire et musical, *Aucun se sont loé d'amours / A Dieu quemant amouretes / Et super* (n° 263), et enfin le n° 271 qui combine une teneur profane en forme de rondeau : *Nus n'iert* (sera) *ja jolis* (joyeux) *s'il n'aime*, à un double enté sur le rondeau *Fi, mari de vostre amor* et à un triple ajouté *Dame bele et avenant*.

Le fascicule 8, tout à troix voix et sans nom de compositeur, s'ouvre sur l'invocation habituelle dans les compilations d'œuvres, *Deus in adjutorium*, et pourrait donc être le début d'un nouveau manuscrit relié à tort avec celui de Montpellier. Son caractère composite laisse entrevoir dans les 43 pièces, dont un tiers est religieux, des traces d'influences diversifiées qui élargissent singulièrement l'aire de production polyphonique jusque-là fort centralisée à Paris, autour de Notre-Dame, puis de la Sainte-Chapelle. Même quand se manifestent les talents de Pierre de la Croix (d'Amiens) ou d'Adam (d'Arras), c'est encore à Paris toutefois qu'ils viennent s'épanouir. On rencontre dans cette section des types déjà connus de motets : pièces bilingues avec mélange religieux-profane comme le n° 307 *Dieus ! comment porrai laissier la vie Des compagnons à Paris / O Regina glorie / nobis concedas veniam* ; pièces à teneur profane constituée de cris de Paris, comme le n° 319, *On parole de batre et de vanner / A Paris, soir et matin / Frese nouvelle*, ou enfin ce n° 325 d'une si belle aisance *S'on mi regarde / Prenés i garde / Hé ! mi enfant*, dont la teneur en forme de ronde soutient deux voix qui échangent allègrement motifs musicaux ou littéraires en très habiles entrelacs, des éléments nouveaux surgissent, ou plutôt ressurgissent car ils avaient déjà été pratiqués dans le conduit. Nous voulons parler d'épisodes vocalisés sur une seule syllabe que l'on désignait sous le nom de *cauda*. Certains y voient une influence des compositeurs anglais qui semblent avoir moins apprécié les recherches rythmiques des Français dans le motet que les échanges de voix et les imitations canoniques de l'*organum* et qui, plus tôt que les Français, ont pratiqué le canon, dans des motets comme le n° 322 avec *cauda* initiale et finale, ou les 340 et 341 dont le double et le triple sont sur texte latin unique et, qui plus est, en canon continu.

Diffusion hors de France :
la polyphonie en Grande-Bretagne

Le prestige de la culture et même de la langue françaises était tel en effet outre-Manche qu'il vaut mieux parler de pratique de la polyphonie en Angleterre que de polyphonie anglaise. Éliminons d'emblée une polyphonie profane presque aussi inexistante que la monodie puisque le langage aussi bien de la cour que de l'aristocratie est resté le français jusqu'à la fin du XIVᵉ siècle. C'est dans le domaine religieux, donc sur textes en langue latine, que peut s'être manifestée une probable spécificité anglaise dans la conduite des voix. Dans les documents épars concernant cette activité, il est bien difficile de faire la part entre ce qui est de provenance française et ce qui pourrait être attribué à une influence extérieure. Les quelques manuscrits découverts en Grande-Bretagne sont de facture française comme le bref *Cambridge Songbook*, sans doute réalisé en France au tout début du XIIIᵉ siècle, où l'on trouve, outre une douzaine de *conductus* à deux voix, un *Verbum patris*, sorte de conduit triplex homorythmique qui manifeste un goût assez rare pour une plénitude sonore d'un type particulier. Le manuscrit de Saint Andrews (dit Wolfenbüttel 1) est un autre témoignage de l'hégémonie quasi exclusive du répertoire liturgique parisien durant tout le XIIIᵉ siècle, et même au-delà, en Angleterre. Quelques pièces isolées ont pu faire illusion et, montées en épingle, valoriser un peu à l'excès l'apport insulaire, même s'il n'est pas négligeable. Citons l'étrange succession de tierces parallèles dont est constituée cette hymne à saint Magnus des Orcades, *Nobilis, humilis, Magne, martyr stabilis*, dont des deux voix, syllabiques et de même rythme, évoquent plus le déchant improvisé qu'une composition. La ronde célébrant le retour de la belle saison, *Sumer is icumen in*, écrite dans les années 1240 pour canon à quatre voix au-dessus d'un *pes* [8] servant de teneur, lui aussi canonique à deux voix, se trouve être la

■ *Sumer is icumen in.* Cette ronde de printemps à six voix (dont le manuscrit propose aussi une lecture religieuse, *Perspice christicola*), est un canon à quatre voix, comme l'indique la rubrique *Hanc rotam cantare possunt quatuor socii.* L'entrée d'une voix nouvelle est indiquée par une croix. À ces voix s'ajoutent les deux voix du *pes*, en écho au registre du bas. (Londres, British Library, Harvey 978, f° 11v°.)

8. Voir Glossaire.

première composition à six voix du répertoire médiéval. Il ne s'agit donc guère en réalité que de la systématisation du procédé d'échange des voix très pratiqué à Paris dans les *caudae* de conductus et dans l'*organum* triple ou quadruple, que le théoricien anglais Walter Odington (†1316) qualifie de *rondellus* et dont certains disent qu'il serait la marque de l'influence anglaise. L'extension de cette pratique au genre du motet a pu aboutir dans certains cas à l'abandon du texte pour la voix qui reproduit les notes de l'incise précédente d'une autre voix, gommant ainsi la spécificité du motet dont l'essence est d'être pluritextuel et le rapprochant de cette forme bâtarde que l'on appelle le motet-conduit. Le mélange de genres, en effet, semble avoir été caractéristique de la pratique musicale dans la seconde moitié du XIIIᵉ siècle en Angleterre, où se perpétue même le genre de l'*organum*, pourtant tombé en désuétude en France peu après 1200 : on trouve aussi des conduits à textes multiples, des motets où peuvent se mêler latin et anglais (le motet double *Worldes blisce / Benedicamus*) et des motets dont le *cantus firmus* lui-même peut être anglais. C'est le cas du motet triple *Vide, miser, et judica / Vide, miser, et cogita / Wynter*, dont la conduite vocale typiquement anglaise sur un *cantus firmus* populaire et la suavité d'ensemble s'accordent assez mal avec le double texte agressif à l'égard des vices du monde à la manière de certains motets français ; il arrive aussi que des pièces recourent à un *cantus firmus* français, et de surcroît profane, comme le motet quadruple en l'honneur de saint Augustin de Canterbury, *Solaris ardor Romuli / Gregorius, sol seculi / Petre, tua navicula / Mariounette douche*.

En réalité, cette production où les musiciens anglais peuvent avoir leur part est trop disparate pour que l'on se fasse une idée précise de l'activité musicale en Grande-Bretagne. À part le manuscrit de Wolfenbüttel 1 signalé plus haut et d'inspiration (sinon d'origine) française, aucun document cohérent ne nous est parvenu avant le *Old Hall Manuscript* qui date de la fin du XIVᵉ siècle et du début du XVᵉ. Tout au plus est-il possible d'esquisser quelques traits qui se rencontrent plus fréquemment qu'ailleurs, comme l'interversion des voix avec ou même sans texte, la place du *cantus firmus* qui peut déjà être migrant mais que l'on trouve volontiers à la partie médiane et ce mouvement parallèle des voix sur des rythmes simples et concordants que l'on qualifie de déchant anglais. D'aucuns parlent à ce sujet de *gymel*, mais à tort, car ce *cantus gemellus* (chant jumeau, c'est-à-dire double) n'apparaît pas avant le XVe siècle ; il est donc préférable de ne point user du terme pour cette haute époque.

La *truncatio vocis* ou hoquet

À l'intérieur de la trame linéaire de l'*organum*, mais surtout des motets et des *caudae* de *conductus*, apparaît, dès la fin du XIIe siècle, une pratique d'ajourement de la ligne mélodique par l'introduction de figures de silence que les théoriciens ont appelée *truncatio vocis* (interruption de la voix). Ce procédé ne laisse plus apparaître d'un mélisme, selon l'expression de Safford Cape, que « les points lumineux ». Il semble impliquer, dès son apparition, les seules voix de dessus entre lesquelles il ménage une alternance. Jean de Garlande y fait déjà allusion quand il parle d'une *copula duplex... quae fit in abscissione sonorum* (copula à deux voix... qui se produit dans l'interruption de sons), à quoi il ajoute *aliqui vocant ochetum modum istum* (certains appellent hoquet cette manière de faire) ; mais c'est Francon qui, de façon explicite, illustre la *truncatio vel oketus* à l'aide d'exemples dans lesquels une voix fait silence pendant que l'autre chante, cela pouvant se produire entre notes de durées diverses. L'étymologie du mot « hoquet » est incertaine et le rapprochement avec l'arabe est aujourd'hui considéré comme fantaisiste. C'est ce terme qui se généralisera par la suite pour désigner à la fois le procédé et certaines pièces, en général assez courtes, fréquemment *sine littera* (sans texte), qui y recourent, et que l'on estime assez pour les faire figurer en bonne place dans les manuscrits au titre d'œuvres de réfé-

■ Deux hoquets triples In seculum. Comme toujours dans le hoquet, les voix sont écrites l'une au-dessus de l'autre, en partition. On peut constater, dans le premier système, le découpage de la teneur en longues égales (d'où l'indication In seculum longum), chaque section étant séparée de la suivante par une figure de silence. L'absence de simultanéité avec les figures de silence des deux lignes supérieures engendre le phénomène de hoquet. Au registre du bas, le hoquet du viéleur. (Bibl. de Bamberg, ms. Ed. IV, 6, 6 f° 63v°.)

rence : on en trouve 3 dans le premier fascicule du manuscrit de Montpellier (les n°s 2, 3 et 5), l'un d'eux (le n° 2) étant repris, mais sans la voix de quadruple, avec texte, pour débuter la série de motets du fascicule 5 du même manuscrit (n° 73) ; et 7 autres à trois voix sont regroupés à la fin du manuscrit de Bamberg, dont 2 ne sont que les n°s 2 et 3 de Montpellier, mais là aussi sans voix de quadruple. Le rapprochement semble, au demeurant, ne pas être fortuit, puisque dans la majorité des cas la teneur est la même : le fragment In seculum du verset du graduel de Pâques, Haec dies.

Musique instrumentale ?

Du fait de l'absence de textes, il est tentant d'évoquer ici l'apparition de possibilités d'interprétation instrumentale, alors que jusque-là les partitions étaient considérées comme essentiellement destinées à la voix, sauf – peut-être – pour la teneur. À cela invitent à la fois le luxuriant *instrumentarium* présenté par les miniatures et les peintures, les allusions littéraires et, enfin, quelques précisions apportées par le manuscrit de Bamberg : *In seculum d'Amiens longum*, au sens mystérieux, ou mieux encore, *In seculum viellatoris*, l'*In seculum du viéleur* qui semble bien être une indication instrumentale. Il serait toutefois imprudent de généraliser hâtivement et de verser dans une orchestration parfaitement aléatoire, vu l'absence d'indications précises. À titre de contre-épreuve, il n'est pas sans intérêt de constater que le motet n° 137 du manuscrit de Montpellier *Ja n'amerai / Sire Dieus / In seculum*, n'est autre qu'un hoquet *cum littera* puisqu'il ne fait que reprendre, note pour note, trois des quatre voix du n° 2 du même manuscrit, en éliminant le *triplum*. C'est bien la preuve incontestable du mélange des genres et de la très relative spécificité de la destination des lignes musicales.

Tout autre est le cas d'une dizaine de monodies, à coup sûr instrumentales, sans doute de la fin du XIIIe siècle, et ajoutées par une seconde main dans des parties laissées vierges du très beau manuscrit français 844, appelé *Chansonnier du Roy*. Presque toutes de même structure, désignées comme telles ou non, ce sont des danses de caractère populaire, dont chaque section, appelée *punctum*, doit être répétée à la manière de la séquence à double cursus : deux finales sont notées pour chaque punctum, portant les indications *ouvert* et *clos*. Huit d'entre elles portent explicitement le nom d'*estampie*[9], mélodie à danser dont le rythme serait souligné de battements de pieds et de mains et dont la vogue

9. Pierre Aubry, *Estampies et Danses royales*, Paris, 1907 ; réed. Minkoff, 1975.

■ Sur ce folio du
Chansonnier du Roy
figurent intégralement
deux des danses qui
y ont été ajoutées :
La tierche (troisième)
Estampie Roial et
*La quarte Estampie
Royal.* On remarque,
à la fin de chaque
portée, donc après
chaque *punctum*
nouveau, une ligature
indiquant le début de
reprise mélodique.
(Paris, BNF, ms.
fr. 844, f° 104r°.)

a été grande du XIIe au XIVe siècle. Il semble bien qu'il s'agisse là des premiers témoignages indiscutables de répertoire instrumental.

Premiers pas de la polyphonie profane : le rondeau

Même si l'origine en est religieuse et que le lien avec la liturgie persiste dans l'emploi d'une teneur latine comme fondement, le motet est bel et bien devenu surtout profane au cours du XIIIe siècle. Rares sont les motets qui prennent appui sur un *cantus firmus* en langue vernaculaire (25 seulement sur les 345 motets du manuscrit de

Montpellier, et 4 sur une centaine dans celui de Bamberg). Avec le rondeau polyphonique, tout lien est définitivement rompu avec le répertoire d'Église et le latin abandonné. Comme le *conductus* dont il est peut-être un avatar, le rondeau, noté en partition contrairement au motet, ne comporte qu'un seul et même texte pour les trois voix. Nous sommes donc ici en présence d'une forme beaucoup plus simple que le motet le moins subtil. Cette simplicité est encore accentuée par la brièveté de phrases musicales s'intégrant à une structure musicale répétitive presque certainement destinée à la danse.

Esthétiquement, l'opposition avec le motet est totale. Alors que dans le motet chaque phrase reçoit une parure musicale propre et que la reproduction d'un motif est très exceptionnelle, tout repose ici sur la reprise d'éléments de texte, de musique ou des deux. En réalité, le rondeau polyphonique ne fait qu'épouser le déroulement de la ronde traditionnelle en la faisant bénéficier des innovations polyphoniques introduites par les clercs dans le répertoire d'Église : on y trouve la même alternance entre le (ou les) *chante-avant* et l'ensemble des participants dont le rôle se limite à la reprise de ce que Jean de Grouchy appelle les *responsoria*. Ce théoricien parisien de la fin du XIIIᵉ siècle souligne le rôle prépondérant de ces manières de refrains dans cette forme destinée aux réjouissances populaires.

Seize pièces à trois voix, sans doute les premières réalisations de ce type, nous sont parvenues groupées sous le titre *Li Rondel Adam* : ce sont ces miniatures, à quoi il faut ajouter 7 motets-entés, qui ont fait la notoriété musicale du trouvère artésien Adam de la Halle, dit Adam le Bossu, premier polyphoniste dont les œuvres sont authentifiées et la vie quelque peu connue. Même s'ils ne répondent pas encore tout à fait aux critères de fixité auxquels le genre obéira par la suite, ces rondeaux (en réalité 14 rondeaux, 1 rondeau-virelai et 1 ballade) en ont la découpe générale et sont à l'origine de la forme qui ne cessera d'être pratiquée jusqu'à la fin du XVᵉ siècle.

Sans entrer dans les détails de facture, nous indiquons ci-dessous le déroulement intégral des deux types de rondeaux selon que le *responsorium* (refrain) comporte 2 vers (c'est le cas le plus fréquent) ou 3 :

Rondeau de 8 vers

Li dous regars de me dame	A ⌉	Responsorium
Me fait espérer merchi.	B ⌋	(2 vers)
Diex gart son gent cors de blame !	a	additamentum
Li dous regars de me dame	A	
Je ne vi onques par m'ame	a ⌉	additamenta
Dame plus plaisant de li.	b ⌋	
Li dous regars de me dame	A ⌉	Responsorium
Me fait espérer merchi.	B ⌋	(Da capo)

N. B. : Les majuscules indiquent la similitude à la fois du texte et de la musique ; les minuscules, celle de la seule musique.

Rondeau de 11 vers

A Dieu commant amouretes	A ⌉	Responsorium
Car je m'en vois,		(3 vers)
Souspirant en terre estrange.	B ⌋	
Dolans lairai les douchetes	a	additamentum
El mout destrois.		
A Dieu commant amouretes	A	
Car je m'en vois.		
J'en feroie roinetes	a	
S'estoie rois,		additamenta
Comment que la chose empraigne	b	
A Dieu commant amouretes	A ⌉	
Car je m'en vois,		Responsorium
Souspirant en terre estrange.	B ⌋	(Da capo)

Modicité des moyens musicaux (deux ou trois courtes phrases suffisent), simplicité et naturel propres à la mémorisation, habileté dans la conduite des lignes, telles sont les qualités de ces œuvrettes, certes de caractère courtois et assez conventionnel, mais dont les propos intimistes se teintent parfois de confidences qui permettent de cerner un peu – et pour la première fois – la personnalité du compositeur. C'est le cas du deuxième exemple cité ci-dessus dans lequel allusion est faite à un départ « en terre estrange » qui oblige Adam à confier à Dieu ses « amourettes ». Par bonheur, des précisions sur cet exil « Hors du douz païs d'Artois » imposé aux « bourjois » par l'avidité des « contes et rois, justices et prélats » nous sont fournies par les paroles de la voix de *duplum* du motet triple n° 263 du manuscrit de Montpellier. On y trouve en effet, entre les sections A et B du *responsorium* du rondeau, une extension musicale et poétique « entée » (greffée), relatant plus ou moins clairement les circonstances de ce séjour forcé à Douai, tandis que, au-dessus d'une teneur non identifiée et peu explicite, *Et super*, un *triplum* au ton pessimiste prétend que si « Aucun se sont loé d'amours », le poète lui n'y peut « loiauté trouver » et ajoute que « loiaus hons est perdus qui veut amer ». Ce motet-enté sur le rondeau permet de dater l'une et l'autre pièces de l'année 1272, date à laquelle on sait de façon indirecte qu'Adam a dû quitter sa ville.

La célébrité de ces *rondeaux* a quelque peu escamoté l'apport réel du compositeur dans l'élaboration de ce qui sera sous peu l'éventail des formes dites fixes : ainsi *Fines amouretes ai*, dont la voix médiane – apparemment la voix conductrice – épouse la forme musicale du rondeau tout en présentant, sur la même musique, un développement littéraire en 3 strophes qui sera plus tard celui du virelai [10] ; quant à la chanson de quête du temps de Noël *Dieus soit en cheste maison*, elle évoque par avance la structure de la ballade. Certes, elle débute par un refrain de 2 vers, mais elle présente ensuite 2 strophes de 6 vers qui aboutissent au retour du refrain. Ainsi, dans ce petit recueil de 16 pièces, se trouvent en germe les trois schémas du rondeau, du virelai et de la ballade qui seront les cadres les plus utilisés de l'expression lyrique jusqu'à la fin du XVe siècle.

10. Ce qui différenciera plus tard le rondeau du virelai est que le rondeau sera une forme close, sans développement possible après le retour du *responsorium* de 2 ou 3 vers, alors que le virelai sera une forme à refrain comportant le plus souvent 3 strophes isométriques, mais d'un nombre variable de vers, donc une forme ouverte.

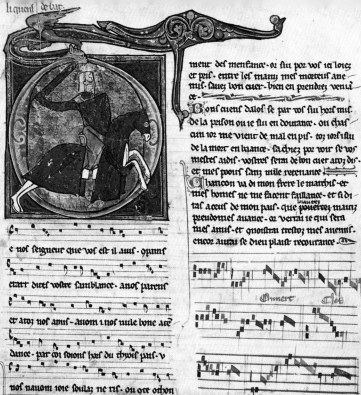

ment des menfance. oz su poz vos ici loiez
et pris. entre les mains mes moerteus ane
mis. sauez bon cuer. bien en prendrez venu
ce.

Bons cuens dalos se par vos su hors mis.
de la prison ou ie su en dотance. ou chas
cun ior me vient de mal en pis. toz iors istu
de la mort en baance. sachiez por voir se vos
mestres audis. vostres serм de bon cuer atoz dis
et mes pouoir sanz nule retenance.

Chancon va di mon frere le marchis. et
mes homes ne me facent faillance. et si di
tas aceus de mon païs. que pouerrez mains
preudomes auance. oi verrai ie qui sera
mes amis. et qnoistrai trestoz mes anemis.
encor autat se dieu plaist recourance.

e nos seigneur que vos est il avis. grant
etart dites vostre samblance. a nos parens
et a toz nos amis. auom i nos nule bone aue
dance. par coi somont hors du tyrois pris. v
nos nauom ioie soulaz ne ris. ou ore othon
ai mour grant atendance.

Our de baillant ie su la vostre amis. tat
q ie su en dолne poissance. se vos sussiez de
rienz nule entrepris. vos eussiez en moi mis
grant fiance. poz dieu vos proi ne me soiez es
chis. fortune fait maint prince et maint mar
chis. meilloz de moi. auenir mescheance.
Bele mere amie rienz ne vos meslise. par
queusse vostre male vueillance. des celui
ioz que vostre fille pris. vos ai seruu loiau

LA LYRIQUE PROFANE

Depuis le premier en date de ceux que l'on a appelés troubadours, le comte de Poitiers et duc d'Aquitaine Guillaume IX (1071-1127), la France du Sud, territoire de la langue d'oc, connaissait une intense activité dans le domaine de la poésie lyrique chantée en langue vernaculaire. Ce n'est qu'au début du XIIIe siècle que la croisade des albigeois (1209), en détruisant la vie de cour dans la région, mettra un terme au développement de cet art. Face à cette floraison de talents, le nord de la France semble marquer un temps de retard.

Les trouvères

En regard de la masse considérable de textes conservés de cette époque (plus de 2 500) et du nombre élevé de troubadours (plus de 40) dont la vie – passablement romancée – a été relatée, le Nord n'a à présenter que quelque 5 poèmes narratifs, assonancés et notés. Textes de qualité, certes, mais bien peu nombreux, comme *Bele Doette as fenestres se sied* ou *En un vergier lez une fontenele*, tous anonymes et dont la versification se rapproche de celle de la poésie épique (chansons de geste) plus que de celle de la poésie lyrique : on les appelle *chansons d'histoire* ou de *toile*, car elles ont en commun d'avoir comme protagoniste une femme assise à son travail et filant, déplorant, comme par exemple Bele Doette, l'absence de son ami « qu'en aultres terres est alez tornoier », dans un refrain d'une intensité expres-

■ Le bas de colonne laissé en blanc a été utilisé, postérieurement à la rédaction du manuscrit, pour noter des fragments de musique instrumentale. Le premier, sans appellation et le second, appelé *danse,* comportent les précieuses indications *ouvert* et *clos.* (Paris, BNF, *Chansonnier du Roy,* ms. fr. 844, f° 5r°.)

sive rare sur les mots « E or en ai dol » (Hélas, mainte-
nant j'en ai de la douleur). S'agit-il réellement des textes
lyriques les plus anciens ? Certains en doutent et parlent
de pastiches du fait peut-être que l'on retrouve aussi ce
genre d'inspiration sous la plume du trouvère artésien
Audefroi le Bâtard, au début du XIIIe siècle.

C'est seulement dans la seconde moitié du XIIe siècle
que commence à se diffuser dans le nord de la France la
lyrique provençale. Diverses influences ont pu jouer,
comme les déplacements de troubadours, ou plutôt de
leurs interprètes, les jongleurs, mais on s'accorde à
reconnaître l'impact considérable de l'union entre
l'Aquitaine et la France par le mariage en 1137 d'Aliénor
d'Aquitaine, la propre petite-fille de Guillaume IX de
Poitiers, protectrice éclairée de poètes et musiciens, avec
le roi Louis VII. S'inspirant de leur mère, leurs deux
filles répandirent la doctrine du *gay sçavoir* : Marie, en
Champagne – qui protégea Chrétien de Troyes, et dont
le petit-fils fut l'un des plus fameux trouvères, Thibaut
de Champagne –, et Aélis, à Blois. On a parfois dit que,
par son remariage avec Henri d'Anjou qui allait devenir
Henri II d'Angleterre, Aliénor avait répandu la poésie

courtoise aussi en Grande-Bretagne ; en réalité, cette influence fut de portée limitée du fait que la cour parlait le français, et la présence possible de troubadours comme Bernart de Ventadour outre-Manche ne semble pas avoir provoqué un développement sensible de la poésie lyrique ; Richard dit Cœur de Lion, le fils le plus célèbre du couple royal, fut lui-même un grand mécène et protégea les artistes, mais ses deux seules chansons conservées sont en français.

Dès la fin du XIIe siècle, les trouvères semblent donc avoir pris le relais des troubadours, et le succès fut alors très vif dans les cours aristocratiques. À preuve les quelque 2 100 poèmes, presque tous notés et attribués à plus de 200 compositeurs. Nombre d'entre eux, à l'instar des troubadours, étaient de grande ou petite noblesse comme Conon de Béthune († vers 1220) ou Gace Brulé (†1213), tous protégés par Marie de Champagne, et plus tard Thibaut IV de Champagne (1201-1253), petit-fils de Marie, dont nous restent environ 75 chansons de fort belle qualité, simples et élégantes ; ils trouvaient surtout dans cet environnement un milieu propice à l'expression musicale et poétique de senti-

■ Le *Codex d'Amour*, de Ermengol de Béziers, XIIIe siècle. (Madrid, bibl. de l'Escurial, f° 215v°.)

ꝙoꝛ Laimadoꝛs el diable poꝛtan laimu

ments raffinés. Mais nous savons aussi que certains trouvères étaient, comme Bernart de Ventadour dans le Midi, d'humble extraction, mais fort appréciés du public des cours : Colin Muset (vers 1200-1250) n'était qu'un jongleur ; d'autres étaient gens d'Église comme le bénédictin Guiot de Provins († après 1208) ou Gautier de Coincy (†1236), qui inséra ou adapta des pièces lyriques dans ses *Miracles de Notre-Dame*.

Au fur et à mesure que l'on avance dans le siècle, sans doute à cause du développement urbain et de la montée de la bourgeoisie, l'activité artistique ne se limite bientôt plus aux seules cours aristocratiques. Des guildes ou confréries se créent dans plusieurs villes, parmi lesquelles Arras, qui devient l'un des centres les plus importants. Un concours y est créé, appelé *Puy d'Arras*, dont les archives conservées nous font connaître les noms de 180 trouvères de la ville ou de la région durant le seul XIIIe siècle. Les plus connus sont Jean Bretel (†1272) qui fut le « prince du puy [11] » et partenaire dans de nombreux jeux partis, et surtout Adam de la Halle dont les quelque 50 chansons ont moins fait pour sa réputation que ses rondeaux et motets ou encore sa pastourelle *Robin et Marion* dont nous parlerons plus loin.

Il est malaisé d'avoir une vision d'ensemble, vu l'infinie variété des chansons, et cela d'autant plus que la classification qui en a été faite, trop souvent d'intérêt surtout littéraire, obscurcit la réalité musicale. Il est préférable, dans notre domaine, de donner la préférence à la structure, même si une classification, forcément réductrice, ne peut être imposée, étant donné l'absence de fixité de formes qui semblent se chercher.

Au petit nombre de chansons narratives évoquées plus haut sous le nom de chansons de toile ou d'histoire et qui seraient – peut-être – les plus anciens documents en langue d'oïl, il faut ajouter, même si les preuves sont minimes, l'utilisation infiniment probable de *timbres*

11. Puy : concours musical et poétique.
12. La laisse est, dans la poésie épique, une suite de vers isométriques et assonancés, de longueur variable, constituant une sorte de strophe.

(motifs mélodiques) pour la diffusion orale des chansons de geste (Jean de Grouchy écrit à ce sujet : *Idem cantus debet in omnibus versibus reitari*, Le même chant doit être répété dans tous les vers). Il est possible qu'au moins la fin des laisses [12] ait été ponctuée de refrains, à preuve les A.O.I. mystérieux de *La Chanson de Roland* que l'on a rapprochés des voyelles E.U.O.U.A.E., employées comme abréviation de *seculorum. Amen* dans le répertoire liturgique. Autre forme archaïque mais plus élaborée de la lyrique médiévale et qui connut un grand succès de la fin du XIIᵉ siècle à la fin du XIVᵉ siècle, le lai, appelé *descort* en Occitanie, comporte dans ses débuts un nombre limité de phrases peu mélismatiques, diversement réparties, pour un texte littéraire en général fort développé. On y trouve exploité parfois le principe du double cursus qui ferait du lai un équivalent en langue vernaculaire de la séquence latine. Peu à peu, la forme se stabilisa et adopta le principe de 12 doubles strophes isométriques deux à deux. Rien de tel dans les lais les plus anciens d'Ernoul le Vielle, de Colin Muset ou de Guillaume le Vinier. Jusqu'à Machaut, le nombre de strophes n'est pas déterminé.

Toutes les autres chansons peuvent être ramenées, en forçant quelque peu la réalité, à deux catégories prin-

■ *Recueil de poésies françaises*, XIIIᵉ siècle. (Paris, bibl. de l'Arsenal.)

cipales, les chansons sans refrain et les chansons avec refrain. Du premier type, citons la *reverdie* ou chanson de printemps, qui, strophique, se rapproche de la forme de l'hymne. La plus connue, d'une simplicité charmante, *Volez vos que je vos chant,* est anonyme ; une autre, *Ce fut en mai,* est attribuée à l'un des trouvères les plus féconds, Moniot d'Arras. Au deuxième type appartiennent des chansons comme la *pastourelle,* narrant la rencontre d'un chevalier et d'une bergère, dont la structure peu spécifique autorise l'apparition de refrains intérieurs, avec recours, parfois, à des onomatopées ; la *chanson d'aube* dans laquelle le guetteur avertit les amants et qui a produit quelques chefs-d'œuvre, aussi bien en langue d'oc (le *Reis glorios, verais lums et clartatz,* de Guiraut de Bornelh, mort vers 1220), qu'en langue d'oïl (*Gaite de la tor,* avec son refrain imitant sans doute l'appel du veilleur : *Hu et hu et hu et hu ! Je l'ai veu*) ; à plus forte raison, la *rotruenge* qu'un retour du refrain rapproche du rondeau ; le *rondeau* lui-même (ronde, rondel, carole), le *virelai* et la *ballade,* toutes formes, proches de la chanson à danser, comme l'*estampie* qui peut aussi être chantée et dont l'ordonnance se précisera peu à peu pour aboutir aux formes fixes du XIVᵉ siècle.

Il faut réserver une place particulière au *jeu parti* (c'est-à-dire *partagé*) présentant deux poètes qui débattent en six doubles strophes sur un problème de casuistique amoureuse proposé et dont le terme est naturellement un jugement par un ou deux personnages hors du débat. L'un, *Bons rois Thiebaut, sire, consoilliez moi,* met en scène Thibaut de Champagne lui-même et un clerc inconnu ; un autre, Jehan Bretel, spécialiste arrageois en la matière, et Adam de la Halle, *Adan, d'amour vous demant / Que m'en dichiez sans cheler.* Identiques pour la mélodie, ces strophes ne présentent pas un intérêt musical très grand.

Si la production des troubadours avait connu un réel coup d'arrêt avec la croisade des albigeois, elle s'était pourtant poursuivie quelque peu sans révéler d'aussi grands talents que par le passé. Seul le Narbonnais Gui-

ADAM DE LA HALLE

Premier compositeur dont la biographie est un peu connue du fait qu'il a vécu dans la suite de grands personnages comme Robert d'Artois et Charles d'Anjou, roi de Sicile, qu'il semble faire allusion à lui-même dans ses écrits, et qu'il a appartenu à la *confrérie des jongleurs et bourgeois d'Arras*, « maistre » Adam de la Halle, dit, mais à tort, le Bossu (« On m'apele Bochu, mais je ne le sui mie ») est né à Arras, vers 1245-1250. Très tôt membre du *puy* poétique et musical, il est le partenaire de Jean Bretel († 1272) dans plusieurs *jeux partis*. Certains propos laissent à penser qu'il serait rentré (vers 1270) de Paris où il a pu s'initier à la polyphonie auprès des maîtres déchanteurs de Notre-Dame. C'est vers 1276 qu'il écrit le *Jeu d'Adam* ou *de la Feuillée*, qu'il épouse Maroie et entre au service de Robert d'Artois comme ménestrel. Il suit ce prince en Italie, à Naples en 1283, et compose, pour le divertissement de la cour de Charles d'Anjou, la pastourelle dramatique de *Robin et Marion*. On ne sait s'il mourut en Italie entre 1285 et 1288 ou en Angleterre après 1306 : un maistre Adam le Boscu figure sur une liste de ménestrels engagés pour le couronnement du roi Édouard II.

raut Riquier (†1292), que l'on considère comme le dernier troubadour, lui fit jeter quelque éclat dans de très nombreuses chansons (il en reste 48 notées) où le souci du mélisme, comme dans la célèbre chanson à la Vierge *Jhesu Crist, filh de Dieu vieu*, encombre quelque peu la ligne. C'est incontestablement le nord de la France qui connut la plus importante floraison de poètes musiciens durant tout le XIIIe siècle. Cette activité pourtant finit par disparaître avant même la fin du siècle du fait de la spécialisation de la tâche. Seul Machaut, au siècle suivant, assumera le rôle de poète et de musicien.

Le théâtre chanté

Cette dichotomie entre langage et musique avait déjà affecté le théâtre dès la seconde moitié du XIIe siècle : le *drame d'Adam* n'était déjà plus qu'un drame parlé avec intermèdes musicaux, ce qui deviendra la règle pour les miracles et les mystères. Une exception toutefois : la célèbre pastourelle musicale *Robin et Marion* qu'Adam de la Halle composa à Naples en 1283 pour divertir la cour de Charles d'Anjou. Si plaisante qu'elle soit, la musique y est toutefois très secondaire et ne représente qu'une infime partie du spectacle : 72 vers sur 780 y sont pourvus de musique. Encore ne s'agit-il sans doute pas de mélodies nouvelles mais de refrains connus.

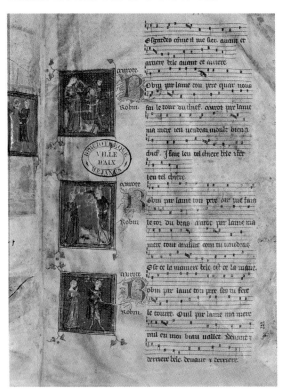

■ *Jeu de Robin et Marion.* Dialogue entre Robin et Marotte illustré par des figurines. (Aix-en-Provence, bibl. Méjanes, Réserve ms. 14, f° 4r°.)

Il n'existe pas d'autre exemple chanté de spectacle profane. Le théâtre poursuit à l'extérieur des églises une carrière de moins en moins sacrée. Pourtant, l'ancien drame liturgique se survit, mais dans le cadre de l'office, même s'il mêle épisodes bibliques, évangéliques et développements nouvellement inventés, en latin pour les premiers, en langue vernaculaire pour les seconds. Un très bel exemple nous en est fourni par le *Jeu des trois Maries*, élaboré sans doute dans la seconde moitié du XIIIe siècle et figurant dans un manuscrit écrit pour partie au XIIIe siècle, pour partie au XIVe siècle, en provenance du monastère féminin d'Origny-Sainte-Benoîte. Ce jeu reproduit le schéma du dialogue du *Quem quaeritis* primitif [13], mais l'enrichit de développements tropés strophiques, où sont explicités le trouble, le désarroi, les angoisses des Saintes Femmes et présentées les tractations auprès d'un marchand d'aromates, d'abord bien près de ses intérêts, puis peu à peu amené à de meilleurs sentiments. On y retrouve même la quasi-intégralité de la séquence pascale *Victimae paschali laudes* de Wipo pour clore très logiquement cette « mise en action » de la Résurrection.

La monodie profane hors de France

Plus encore que dans le nord de la France, l'influence des troubadours s'est fait sentir dans les territoires limitrophes où les poètes musiciens qui fuyaient la croisade des albigeois avaient pu trouver refuge : l'Italie, où Frédéric II de Hohenstaufen (†1250) n'hésitait pas à les accueillir malgré les réticences de la papauté et où peut-être ils étouffèrent la production locale, mais ni leurs œuvres ni celles des *giulliari* ne nous sont parvenues. Il faudra attendre les années 1260 pour qu'apparaisse en Ombrie un témoignage d'activité en ce domaine, sous la forme lyrico-narrative des *laude spirituali*, colportées par des confréries de pénitents et conservées dans le célèbre *Laudario di Cortona*. Le texte n'est pas de grande valeur

---

13. Dialogue relaté par les Évangiles entre l'Ange et les trois Saintes Femmes venues au tombeau embaumer le corps du Christ.

littéraire, mais la musique naïve et sans recherche, remplie de douceur, répond à l'attente franciscaine de spontanéité et d'émotion.

Les liens étroits entre l'Aquitaine et la péninsule Ibérique ont incontestablement facilité dès le début du XIIIᵉ siècle la pénétration de l'art des troubadours dans les cours espagnoles. On ne connaît guère, antérieures à leur influence, que les 7 *cantigas d'amigo* du poète musicien Martin Codax, qui œuvrait à Vigo, en Galice, vers 1230 : chansons strophiques simples, peu mélismatiques, d'un ambitus restreint, plus proches de l'inspiration populaire que de la sophistication courtoise. Faut-il croire à une influence française sur le monument le plus représentatif du temps, les *Cantigas de Santa Maria*, attribuées au roi Alfonso el Sabio (†1284) ? Certes, on sait que Guiraut Riquier (†1292) a séjourné au moins dix ans à sa cour, mais on ne perçoit pas une influence considérable de son style sur celui des quelque 420 chansons en langue galicienne avec notation, chansons de cour ou cantiques relatant des miracles de la Vierge Marie, le tout groupé par dizaines. Quelle part en revient au roi lui-même ? On l'ignore. Mais il est certainement responsable de l'organisation de cette collection ; peut-être est-il lui-même l'auteur du prologue et des *cantigas* de louange, les nᵒˢ 10, 20, 30, etc. Il faut signaler de surcroît l'intérêt tout particulier des très nombreuses miniatures représentant des musiciens avec leurs instruments dans le manuscrit de Madrid. Le style est simple, souvent syllabique, le mouvement mélodique conjoint, et la structure musicale, volontiers répétitive, se rapproche de ce que sera le virelai français au XIVᵉ siècle.

■ *Cantigas de Santa Maria.* Musicien jouant de la chalemie. (Madrid, bibl. de l'Escurial.)

C'est aussi dans le courant du XIIᵉ siècle que se développe en territoire germanique (les documents antérieurs ont disparu) une poésie en langue allemande qui s'étiolera vers la fin du XIIIᵉ siècle, et que l'on appelle le *Minnesang* (chanson d'amour). En réalité, cette littérature n'est pas très originale et même semble être une démarque *(contrafactum)* de la chanson française, autant que l'on en peut juger par le peu de textes qui sont parvenus jusqu'à nous. Du plus ancien de ces *Minnesinger* (ou *Minnesänger*), Walther von der Vogelweide († vers 1230), nous restent une centaine de poèmes mais seulement 8 mélodies, dont la seule complète est la célèbre chanson de croisade *Palästinalied*. Nous sommes mieux informés sur l'autre grand nom de cette première génération de *Minnesinger* que l'on considère comme l'âge d'or du *Minnesang*. Neidhart von Reuenthal († vers 1240), dont nous possédons 17 mélodies d'une grande fraîcheur, se démarque assez nettement de l'esthétique courtoise, au moins par les sentiments, au profit de scènes rustiques dans ses chants d'été et chants d'hiver, comme le ravissant *Sumer, diner süezen weter*. De facture simple, ces chansons adoptent pour chaque strophe la forme *Bar,* synonyme de *Lied*, très largement employée, où le premier élément mélodique, répété avec texte différent (a a'), est suivi d'un deuxième élément nouveau (b) pour texte et musique (la musicologie les désigne par les termes modernes de *Stollen* et *Abgesang*).

Le succès de Neidhart fut si grand que nombre de chansons semblent aujourd'hui lui avoir été attribuées à tort. Même si l'inspiration en est parfois heureuse, comme dans le ravissant *Meienzit* (Temps de mai), l'invention s'y révèle le plus souvent assez pauvre. Célèbre successeur de Neidhart, Heinrich von Meissen, mort à Mayence en 1318, appelé *Frauenlob* (laudateur des femmes), est le plus important représentant de la poésie lyrique courtoise tardive et de ce que l'on appelle le *Spruch* (sentence, maxime) où se mêlent propos éthiques, didactiques, voire théologiques, et langage amoureux. Il serait à la croisée des chemins entre les *Minnesinger* et les *Meistersinger*.

■ Bréviaire de Belleville, début XIVᵉ siècle. (Paris, BNF.)

LE MOYEN ÂGE
ET SES INSTRUMENTS

La virent mains divers acors.
Car, je vi la tout en un cerne
Viele, rubebe, guiterne,
Leü, morache, michanon,
Citole et le psalterion,
Harpe, tabour, trompes, naquaires,
Orgues, cornes, plus de dis paires,
Cornemuses, flajos, chevrettes,
Douceinnes, simbales, clochettes,
Tymbre, la flaüste brehaingne,
Et le grand cornet d'Alemaigne,
Flajos de saus, fistule, pipe,
Muse d'Aussay, trompe petite,
Busines, eles, monocorde

Où il n'a c'une seule corde
Et muse de blef tout ensemble.
Et certeinnement il me semble
Qu'onques mais tele melodie
Ne fu veue ne oïe
Car chascuns d'eaus, selon l'acort
De son instrument, sans descort,
Viele, guiterne, citole,
Harpe, trompe, corne, flajole,
Pipe, souffle, muse, naquaire,
Taboure, et quanque on puet faire
De dois, de penne et de l'archet
Oÿ j'et vi en ce parchet.

GUILLAUME DE MACHAUT, *Le Remède de fortune* (vers 3960 à 3986).

■ *Codex Manesse,* fin XIIIe-
début XIVe siècle. (Heidelberg,
bibl. de l'Université.)

Cette liste désordonnée d'instruments divers ne présente guère plus d'intérêt pour la connaissance de l'esthétique musicale de l'époque que les listes de plats alignés par Rabelais dans son *Quart Livre* à l'intention de ses Gastrolâtres pour la connaissance du goût. Simple énumération sans ordre ni méthode et répondant aux seules exigences de la rime, elle doit nous inciter à la prudence quand nous prétendons glaner dans les miniatures, peintures ou sculptures des renseignements sur la tenue des musiciens, le jeu des instruments ou encore leur assemblage en formations. Il faut avoir l'honnêteté de reconnaître que tout ce qui concerne les instruments n'est que supposition. Si nous en connaissons l'apparence, nous ignorons presque totale-

■ *Philosophia mundi* de Guillaume de Conches. (Paris, bibl. Sainte-Geneviève, ms. 2200.)

ment les techniques du jeu, la sonorité et la puissance, pis encore les possibilités de groupements. Il faut se résigner à admettre que la vocation de l'iconographie est essentiellement décorative et ne pas en attendre plus qu'elle ne peut donner.

De plus, en ce temps, la primauté appartient à la voix dont l'instrument n'est qu'un succédané, un palliatif : son timbre n'est pas recherché comme tel. Situation qui se perpétuera très longtemps, même dans un répertoire purement instrumental. Faut-il rappeler que l'indifférence au choix est telle que Couperin n'hésitera pas à préciser, dans la préface de ses *Concerts royaux*, en 1722, que ces pièces « conviennent non seulement au clavecin, mais aussi au violon, à la flûte, au hautbois, à la viole et au basson ». C'est que la notion actuelle d'orchestration, fondée sur un jeu subtil de couleurs et de timbres, ne remonte qu'au XIXᵉ siècle. Pour les siècles antérieurs, on peut, au mieux, parler d'instrumentation.

La présence d'instruments est en effet attestée dès le haut Moyen Âge. L'Église, il est vrai, avait essayé d'en restreindre l'usage, mais ils proliféraient à l'extérieur du sanctuaire et la contamination était possible... sinon, comment expliquer les admonestations des autorités ecclésiastiques contre les abus ? C'est d'ailleurs dans le répertoire sacré que s'était fait sentir le besoin impératif d'un soutien instrumental pour la teneur des grands *organa* du XIIIᵉ siècle. Certes, des voix pouvaient, en se relayant, produire un son continu, mais il est très probable que l'on eût tôt recours à l'*organistrum* ou *chifonie*, sorte de très grande vielle à roue, jouée à deux, l'un actionnant la manivelle, l'autre les clés ou touches.

■ *Ovide moralisé* de Chrétien
Legouais. (Rouen, bibl. municip.,
ms. 1044, f° 103v°.)

Hormis ce cas particulier, l'utilisation des instruments dans la musique sacrée, soit pour doubler les voix, soit pour s'y substituer, relève de la pure hypothèse. C'est pourtant dans des documents savants, donc issus du monde religieux, que l'on trouve la documentation iconographique la plus abondante. L'une des meilleures sources est le manuscrit des *Cantigas de Santa Maria* qui, dans sa quarantaine de miniatures, fournit en images quasiment un inventaire des instruments pratiqués au tournant des XIII° et XIV° siècles. Seuls ou plus souvent groupés par deux, les musiciens présentent soit deux instruments de même type comme luths, tympanons, psaltérions, guiternes, rotes, tous instruments à cordes pincées dont le jeu simultané paraît bien improbable, soit des flûtes, des cornemuses, des cornets à bouquin, soit, cas plus intéressant, l'ensemble des deux instruments, un rebec et un luth, en situation de jeu.

Ces miniatures de qualité exceptionnelle sont précieuses pour imaginer le sort à réserver aux voix *sine littera*, ténor et éventuellement contraténor, dont la présence est quasi générale en dessous du *cantus* dans la chanson profane à partir du XIV° siècle. Cette absence de texte contraint à recourir aux instruments, mais rien ne peut guider le choix des interprètes. D'où les arrangements toujours arbitraires, parfois malheureux, en tout cas hypothétiques et dont la prétention à l'authenticité est inévitablement discutable.

Seules certitudes dans cet océan de doutes, trois tablatures pour orgue sont parvenues jusqu'à nous. La plus ancienne, sans doute du début du XIVe siècle, un manuscrit fragmentaire anglais, le *Robertsbridge Codex*, contient trois estampies et surtout, les arrangements assez libres et besogneux (utilisation simultanée de notes et de lettres sur une seule portée) de deux motets de Fauvel : nouvel exemple de la subordination de l'instrument à la voix et de la prééminence française.

Dans deux autres tablatures, plus tardives, réalisées dans les dernières années du XIVe siècle, on trouve entre autres des arrangements pour clavier de chansons connues de Machaut (les ballades *De toutes flours* et *Honte, paour*), de Jacopo da Bologna *(Non al so amante)* et de Landini (*Non avrà ma pietà* et *Che pena questa*). Plus que dans le *Robertsbridge* où il semble que l'on ait tenté de conserver ce que l'on pouvait des trois voix, même fragmentairement, un langage instrumental spécifique apparaît ici : notés sur deux portées, ces arrangements à 2 voix montrent que seule la teneur de la chanson est conservée, et qu'elle sert de prétexte à un *cantus* à l'ornementation luxuriante et sans rapport avec les parties vocales. Ce sont là sans conteste les prémices d'un répertoire instrumental promis à un brillant avenir et qui s'épanouira dès le début du XVe siècle.

■ Joueurs d'orgue au XIIe siècle.
Gravure d'après un original
de la bibl. de Cambridge.

L'*ARS NOVA* EN FRANCE

Circonstances politiques et sociales à la fin du XIIIe siècle

En cette fin de siècle, le royaume de France bénéficie d'un concours de circonstances très favorables. À l'extérieur, elle profite de l'affaiblissement du Saint-Empire – principale autorité temporelle qu'elle conteste –, par suite de la déposition et de la mort de Frédéric II, pour affirmer l'indépendance totale du royaume ; à l'intérieur, la centralisation confirme le rôle éminent de Paris qui, s'enorgueillissant d'une floraison inégalée d'édifices tant civils que religieux et de la vitalité de son université, s'efforce de s'imposer comme la capitale du grand royaume d'Occident. Et pourtant, des failles se manifestent dans le pouvoir du fait de l'influence grandissante de conseillers ou de « partis ». L'expédition malheureuse en Aragon où le fils de Saint Louis, Philippe III le Hardi, trouve la mort en 1285 en est l'illustration. Philippe le Bel s'efforcera bien de doter le pays d'institutions durables, mais il ne pourra empêcher que ne se délite son pouvoir sous les coups des scandales et des affaires. Trop confiant, poussé lui aussi par des conseillers influents, parvenus laïques ou ecclésiastiques (« *De pauvre état chétive gens / Maîtres fit-il à cour* », dit Geoffroi de Paris), dont les plus connus furent Pierre Flote, Guillaume Nogaret et Enguerrand de Marigny, le roi tente d'imposer son autorité même vis-à-vis du pape Boniface VIII avec qui il entre ouvertement en conflit.

■ En dépit du texte corrosif, le ms. 146 de Fauvel est d'une très grande qualité graphique et iconographique. Sur cette page illustrée d'une « fontaine de jouvence », figurent en première colonne la fin du *triplum*, puis la teneur et, en seconde colonne, le *duplum* du motet de Vitry *Tribum que non abhorruit / Quoniam secta / Merito hec patimur*. (Paris, BNF, ms. fr. 146, f° 42.)

Puis, auréolé du prestige de petit-fils d'un roi canonisé, il impose sa volonté au Saint-Siège : le pape Clément V se soumet, et son installation en Avignon en 1305, à la merci du roi, fait débuter la « captivité de Babylone ». Mais malgré ces victoires successives sur l'empereur et sur le pape, les difficultés s'accumulent. À l'étranger, on assiste à un certain recul de l'influence française : en 1282, les Français sont chassés de Sicile, et, en 1291, les derniers croisés doivent abandonner Saint-Jean-d'Acre ; à l'intérieur, la spoliation des juifs (1306), l'arrestation des Templiers (1307) et la dissolution de l'Ordre, l'expulsion des Lombards (1311), les scandales mettant en cause les brus du roi, les émeutes urbaines de 1306, 1308, 1319 consécutives à des manipulations monétaires, toutes ces circonstances ébranlent la société et conduisent au doute aussi bien les paysans appauvris que les chevaliers, dont le rôle s'amoindrit du fait des progrès de la puissance publique, et les clercs en qui on constate un progrès de l'esprit laïque. L'argent s'impose comme une valeur, dans un monde où s'affirment artisans et bourgeois. Une transformation des mentalités s'ensuit, qui relègue à l'arrière-plan les visées chevaleresques de la chrétienté au profit de sentiments nationalistes, positifs et réalistes, même dans l'art, qui s'intéresse davantage aux réalités terrestres et au progrès technique. Dans le même temps, les études se diversifient et dans tout l'Occident se développent des universités rivales de celle de Paris qui aideront au développement des langues nationales : le latin cesse alors d'être la seule langue de culture, et l'on verra sous peu se développer une polyphonie profane d'un type nouveau, sans recours à une teneur latine, et en langue vernaculaire qui n'avait fait que timidement son apparition sous la plume d'Adam de la Halle.

Un témoignage de l'évolution des idées :
le *Roman de Fauvel*

Un écho littéraire et musical du changement de mentalité est fourni par une allégorie satirique où se reflète le même état d'esprit que dans la seconde partie du *Roman*

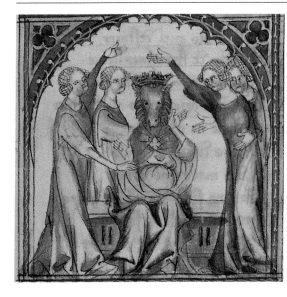

■ Le couronnement
de Fauvel.
(Paris, BNF,
ms. fr. 146, f° 26.)

de la Rose de Jean de Meung et dans la fin du *Roman de
Renart*. Ce pamphlet vigoureux, appelé *Roman de Fauvel,* dénonce les abus et désordres tant dans la société
que dans l'Église. Les deux livres (le premier de 1 226
vers, achevé en 1310, le second de 2 054 vers, achevé
en 1314) sont dus à des magistrats – restés anonymes –
de la cour royale, le plus probable étant Gervais du Bus,
ancien chapelain d'Enguerrand de Marigny devenu
notaire royal. En 1316, un magistrat, lui aussi membre
de la cour, Chaillou du Pestain, révise les deux premiers
livres et modifie la fin pour se livrer à une description
du mariage de Fauvel. C'est lui qui serait responsable de
l'introduction dans le corps du poème d'interpolations
musicales, soit œuvres préexistantes (environ les quatre
cinquièmes), certaines déjà bien connues et même
anciennes, parfois quelque peu modifiées, soit nouvellement composées, notamment par Philippe de Vitry.

Le personnage central, Fauvel, est un animal symbolique, âne ou cheval, personnifiant tous les vices et dont
le nom évoquerait la « fausseté velée » (voilée). Chacune

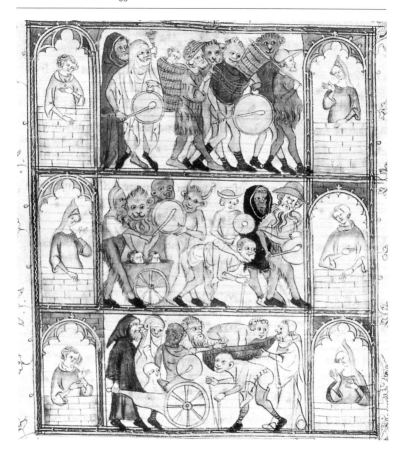

■ Le charivari. À l'heure où Fauvel va se coucher, voici que par les carrefours et les rues *onc chalivali si parfaiz ne fu*. ... (Paris, BNF, ms. fr. 146, f° 36v°.)

des lettres de son nom représente un vice : F (flatterie), A (avarice), V (vilanie), V (variété), E (envie), L (lascheté). Le premier livre présente une satire féroce de l'arrivisme, des autorités en place, de la flatterie : tous les grands personnages, laïcs et religieux, sont occupés à « torchier Fauvel ». Dans le second livre, Fauvel se heurte au refus de Fortune qu'il voudrait épouser ; finalement, il prend pour femme Vaine Gloire, qui engendrera une foule de petits Fauveaux qui s'abattent comme un fléau sur le monde, et spécialement sur la France.

Seul des 12 manuscrits conservés, le manuscrit français 146 contient les 165 interpolations musicales (la table indiquée en tête du manuscrit est incomplète). La petite centaine d'œuvres monodiques – *proses et lays, rondeaux, balades et reffrez de chansons, alleluyes, antenes, respons, ygnes et versez* – ne retiendra pas notre attention : empruntées au répertoire sacré et aux chansons populaires, elles sont rarement originales et n'ont été choisies que pour leur sens qui s'adapte plus ou moins au contenu du poème. La partie la plus intéressante et parfois novatrice est constituée de 34 pièces polyphoniques : 10 *motez a tenures sanz trebles* (c'est-à-dire motets doubles : une teneur et une voix de motet ou *duplum*), 23 *motez à trebles et a tenures* (c'est-à-dire motets triples : une teneur, une voix de motet ou *duplum* et une voix de triple), et 1 motet quadruple à l'ancienne (trois voix avec texte en plus de la teneur), le n° 11 de l'édition de Schrade. Presque toutes ces pièces sont en effet des motets, à quelque réserve près, certaines empruntées au manuscrit de Bamberg, comme le n° 7, *Ad solitum vomitum / Regnat*, ou au manuscrit de Montpellier, comme le n° 6, *In mari miserie / Manere*, et le n° 19, *Veritas arpie / Johanne*, avec, dans le cas présent, texte latin pour le *duplum* en place du texte français *Ne sai que je die*. La situation d'ensemble est en réalité assez anarchique. On ne décèle de la part de Chaillou du Pestain aucun souci de cohérence musicale ; son désir est simplement de mettre des idées en chansons à l'aide de pièces qui circulaient à l'époque, et non de faire œuvre d'art : exact reflet d'une pratique qui justifie la prolifération de ces motets dont l'utilisation paraît un peu obscure. Ce poème engagé est une manière d'instantané sur la période.

Les motets doubles sont exempts de complexité. La seule voix de *duplum* est pourvue de texte. La conduite de l'autre voix qualifiée de ténor, parfois sans même l'incipit d'identification, est, dans certains motets, tellement voisine de celle du *duplum* que l'ensemble évoque au moins autant l'esthétique du *conductus* que celle du motet. C'est le cas de la première interpolation *Favellandi vicium / Teneur*, ou encore de la pièce portant le n° 29 dans l'édition de Schrade *Omnipotens Domine*, dont la teneur, sans doute inventée, musicalement très simple et énoncée en longues ternaires égales (♩♩, etc.) est voulue signifiante de par le texte littéraire, très développé, ce qui est une chose nouvelle : *Flagellaverunt Galliam et ortum ejus inquinaverunt* (Ils ont torturé la Gaule et ont souillé son origine).

Nous réservons pour le prochain chapitre les 5 motets triples (n°s 12, 25, 27, 30 et 33) que l'on attribue généralement à Philippe de Vitry. Sur l'ensemble des autres motets, nous nous limiterons à quelques observations pour en jauger la grande diversité.

Dans le motet n° 13, *Desolata mater ecclesia / Que nutritos filios / Filios enutrivi et exaltavi, ipsi autem spreverunt me*, le compositeur dit combien est grande la peine de l'Église à se voir méprisée par ses propres enfants. La teneur exceptionnellement longue et qui de ce fait n'a pas à être répétée, « J'ai nourri mes fils et je les ai exaltés, mais ils m'ont méprisée », et surtout le *triplum* font clairement allusion à la corruption et à l'élimination des Templiers (*Fratrum templi nephanda scelera*, les crimes abominables des Frères du Temple). D'où la plainte finale de l'Église où se mêlent latin et français :

> *Dont dit la mère qui le cuer amer a :*
> *Dic mihi, dic, Chiste, si sit dolor ut dolor iste.*
> (Dis-moi, dis, Christ, s'il y a une douleur comparable à cette douleur.)

Dans le motet n° 18, on voit apparaître la division imparfaite de la longue avec une teneur portant comme seule indication *Imperfecte canite* ; le motet très irrévérencieux n° 28, au-dessous de prières à la Vierge *Celi domina / Maria, virgo virginum*, place une teneur avec paroles françaises en forme de rondeau :

> *Porchier mieuz estre ameroie*
> *Que Fauvel torchier.*

Quant au motet burlesque n° 29, il fait alterner, dans le *duplum* et le *triplum*, latin et français, en vers macaroniques ; enfin, dans le motet n° 34, tout en français, la teneur ne fait que redire quatre fois *Cis chans veult boire*, texte que les deux autres voix, à la jovialité quelque peu avinée, reprennent aussi pour conclure.

Un seul motet, le n° 11, comporte quatre voix mais à l'ancienne, c'est-à-dire avec trois voix au-dessus de la teneur, et qui n'ont rien de commun avec les motets à quatre voix que pratiqueront Vitry et Machaut.

Un émule d'Adam de la Halle : Jehannot de Lescurel

Le manuscrit 146 contient en outre 34 pièces lyriques en français d'un poète musicien que l'on croit pouvoir identifier comme l'un des *filz aux bourgois de Paris qui furent penduz… au commun gibet des larrons* en 1303.

■ *Cantigas de Santa Maria.* Joueurs d'instruments champêtres. (Madrid, bibl. de l'Escurial.)

Hormis 2 *diz entez sus refroiz de rondeaux*, dont ne sont notés précisément que ces refrains, son œuvre, curieusement présentée dans l'ordre alphabétique, jusqu'à la lettre G – ce qui laisse entendre que le reste est perdu –, est constituée de 32 rondeaux, virelais et ballades dont la seule pièce initiale, le rondeau *A vous, douce débonnaire*, est, comme les rondeaux d'Adam, à trois voix. Encore un peu floues, les structures mélodiques tendent à se fixer mais n'ont pas encore acquis la régularité du temps de Machaut. Ainsi les ballades, où l'on trouve en général déjà les 3 strophes de 7 à 10 vers, peuvent présenter un refrain de 1, 2 ou 3 vers selon les cas, ou même n'en pas avoir du tout, comme le n° 11, *Bontés, sen, valours*. Quant aux virelais, ils ne sont qu'au nombre de 5, dont 2 présentent des irrégularités, les n°s 29 et 32.

La notation mesurée laisse apparaître l'influence de Pierre de la Croix dans l'usage du *punctus divisionis* qui permet de séparer les groupes de brèves, mais n'a pas encore la précision des textes de l'*ars nova*.

Les innovations dans la technique musicale : le traité *Ars nova*

L'un des éléments du renouveau du langage au XIVe siècle est la progressive et rapide codification des principes d'écriture pour la notation du rythme, sous l'influence d'un plus grand rationalisme et du développement de l'art des nombres. À partir du début du siècle se succèdent de très nombreux traités, dont le plus important est bien l'*Ars nova* de Philippe de Vitry, écrit vers 1320-1321, si représentatif que l'on désignera par son nom tout l'art du XIVe siècle. Dans cet ouvrage mathématique et musical, l'auteur consacre les six premiers chapitres aux rapports numériques précisant les intervalles et leur détermination sur le monocorde (instrument de mesure servant à calculer les vibrations sonores), puis il aborde la partie spécifiquement réservée aux sons, les propriétés où il distingue trois *species* : *b quadratum* (bécarre), c'est-à-dire le chant dans l'hexacorde *dur* qui commence sur *sol*, *natura*, c'est-à-dire le chant dans l'hexacorde naturel qui commence sur *ut* et ne contient pas la note *si*, et *b molle* (bémol) c'est-à-dire le chant dans l'hexacorde *mol* qui commence sur *fa* ; puis les mutations (ou muances) qui permettent le changement d'hexacorde, et la *musica falsa* qui autorise l'emploi du demi-ton hors du cadre de la solmisation [14]. Mais c'est à partir du chapitre xv que se situent les nouveautés d'ordre rythmique sur lesquelles à cette époque se concentre l'attention des compositeurs. Après Pierre de la Croix qui, grâce au *punctus divisionis* pour grouper les notes losangées ♦ qui sont la monnaie de la brève, démontrait par là l'existence de valeurs plus petites dont la durée exacte n'était pas précisée, Vitry met de l'ordre en indiquant les durées relatives. Partant du constat que l'on peut désormais employer 6 semi-brèves *minimes* (du latin *minima* = très petite) à la place d'un *tempus imperfectum* (le *tempus,* division de la brève ■, étant alors imparfait, c'est-à-dire divisible en 2), il reconnaît *de jure* et non plus *de facto* qu'existe une durée égale à 1/6 de la brève. S'ensuivent des exemples, un peu laborieux pour le lecteur d'aujourd'hui, dans lesquels les relations rythmiques sont déterminées par le nombre et la situation dans le groupe de notes qui ont toutes la même forme de semi-brève. Ainsi peut-on lire au chapitre xv : « Quand, à la place d'un *tempus imperfectum*, on dispose 2 semi-brèves, chacune vaut 3 minimes (équivalence actuelle : $\frac{6}{8}$ ♩♩). Quand on dispose 3 semi-brèves, la première vaut 3 minimes, la seconde 2 et la troisième 1 seule (équivalence : $\frac{6}{8}$ ♩ ♩ ♪). Quand on en dispose 4, la première est une mineure, la seconde une minime, la troisième une mineure, la quatrième une minime (équivalence : $\frac{6}{8}$ ♪♩♪♩♪). »

Ce qui revient à dire que sous une même apparence se dissimulent des durées diverses auxquelles l'auteur attribue des qualifications : ainsi la semi-brève qui vaut 3 minimes est dite *semibrevis recta et vera* (régulière

---

14. Méthode de pédagogie musicale en vigueur depuis Gui d'Arezzo, permettant de déterminer dans chaque hexacorde (naturel, dur ou mol) la place du seul demi-ton possible, toujours appelé *mi-fa*.

■ *Cantigas de Santa Maria.* Musiciens jouant de la citole et du luth. (Madrid, bibl. de l'Escurial.)

et véritable) ; celle qui en vaut 2 est dite *semibrevis minor* (plus petite) et celle qui n'en vaut que 1 *semibrevis minima* (la plus petite). Le terme de *minima* finira par désigner une durée, et, conscient de la difficulté de lecture, Vitry utilise pour sa démonstration des notes avec hampe qu'il appelle *signatae*, écrivant ainsi le dernier exemple cité : ♦♦♦.

Après ces indications concernant les menues valeurs, c'est-à-dire la division du *tempus* qui désormais peut donc être aussi bien binaire que ternaire, l'auteur propose un code précis et complet pour avertir du cadre rythmique choisi, ○ pour le *tempus perfectum*, ⊂ pour le *tempus imperfectum*, ☰ pour le *modus perfectus* (le modus étant la division de la longue ◀), ☰ pour le *modus imperfectus*, ⓤ pour mode et temps parfaits, ∈ pour mode et temps imparfaits. Et il ajoute, au chapitre XIX, que l'emploi des notes rouges permet de passer de la perfection à l'imperfection.

Cet arsenal techique de notation fera de Vitry le parangon des modernistes ; il n'est donc pas étonnant qu'il ait été la cible des tenants d'une *Ars antiqua* jugée par eux supérieure, comme Jacques de Liège qui, dans le septième livre de son *Speculum musicae* (vers 1330), s'en prend avec sévérité à cette *Ars nova* (dont il estime pourtant la théorie « plus subtile ») avec autant d'énergie que le pape Jean XXII qui, dans sa décrétale *Docta sanctorum* (vers 1324-1325), s'oppose à l'introduction dans l'Église des formes musicales nouvelles et de la nouvelle manière de chanter.

Philippe de Vitry : le motet isorythmique

Si, pour nous, Philippe de Vitry est l'homme du traité et fait figure de chef d'école, il était en son temps un compositeur très réputé et considéré comme l'initiateur de ballades, motets, lais et rondeaux d'un type nouveau, selon les allégations du traité anonyme de *Seconde Rhétorique*. Seuls quelque 15 motets sont parvenus jusqu'à nous, dont 6 peuvent lui être attribués avec certitude puisqu'il les cite dans son traité : ce sont les n°s 1, 4, 5, 6, 9 et 10 de l'édition de Schrade (Oiseau-Lyre) et sans doute le n° 3 auquel d'autres théoriciens font allusion.

Cinq des motets contenus dans Fauvel sont attribués à Vitry (les n°s 12, 25, 27, 30 et 33). Comme on est en droit de s'y attendre, ce sont des œuvres engagées : le troisième par exemple superpose le *cantus firmus* – peut-être inventé – *Merito hec patimur* (C'est à bon droit que nous souffrons cela), un *duplum* qui rappelle qu'Ovide a raison d'affirmer que « toutes choses humaines ne tiennent qu'à un fil [15] » et un *triplum* qui évoque les revers de Fortune : « Après la joie vient la tristesse » *(Post gaudia luctus)*. On pense que l'auteur fait allusion à l'exécution par pendaison en 1315 du tout-puissant ministre des

---

15. Les derniers vers du *duplum* ne sont qu'une citation textuelle d'un distique d'Ovide *(Pontiques* IV) : *Omnia sunt hominum pendencia filo / Et subito casu que valuere ruunt.*

PHILIPPE DE VITRY

Sans doute originaire de Champagne, Philippe de Vitry est né, croit-on, en 1291 et serait le fils d'un personnage appartenant à la maison du roi. Une belle carrière administrative à la cour lui valut, très tôt, de nombreuses prébendes puis l'envoi en Avignon, auprès du pape Clément VI, en 1350. L'année suivante, sur intervention du roi, il sera nommé évêque de Meaux. Il gardera ce poste jusqu'à sa mort, en 1361.

Dès 1327, il avait lié amitié avec Pétrarque à la cour pontificale, et il entretint avec lui de nombreux contacts épistolaires entre 1349 et 1351, ce qui prouve sa culture et ses dons littéraires. Estimé de l'érudit latiniste Bersuire, il est célébré par le mathématicien Jehan de Murs, auteur de plusieurs traités, de peu postérieurs à celui de Vitry (1321-1325) et qui fondent le nouvel art d'écrire la musique.

Finances du roi défunt Philippe le Bel ; quant au premier, il s'en prend violemment, dans le *duplum*, aux « pasteurs adultères, et vrais mercenaires, successeurs de Lucifer » ; seul le quatrième abandonne le sarcasme pour des sentiments plus religieux : l'*alleluia* de la Sainte Trinité soustend un *duplum* qui dit la foi dans les trois personnes divines et un *triplum* qui fait appel à la Trinité pour aider les musiciens à parvenir à la joie du ciel.

Les autres motets ne se distinguent pas de façon fondamentale de ceux qui sont contenus dans Fauvel. Il arrive que l'on y retrouve la satire de la vie de cour et le souhait personnel d'y échapper, comme dans le motet triple n° 9 *Colla jugo / Bona condit / Libera me Domine*. Notons au passage une nouvelle touche d'érudition avec citation de la *Pharsale* de Lucain pour clore le *triplum*. Il est d'autre part à remarquer que le retour au latin, et un latin de qualité (parfois même en hexamètres dactyliques, n° 14), est général, puisque seul le n° 6, *Douce playsance / Garison / Neuma quinti toni*, est en français et qu'aucun motet n'est construit sur teneur autre que latine. On voit aussi réapparaître dans ce genre devenu très profane une inspiration religieuse passée de mode depuis longtemps. En plus du motet mentionné plus haut, on peut signaler le

■ Page de l'un des manuscrits du traité *Ars nova* sur laquelle figurent quatre exemples notés et les signes proposés pour reconnaître les cadres rythmiques

(Bibl. Vaticane, ms. Barberini 307, f° 20r°.)

est psius qªtemp tria tªa pro qªliber
pᵉcᵒe accipiuntur Tunc est psᵒm
qa quoᵈ tempus intres patur· seᵈ tᵃ

¶ Oᵈodus impᵗᵃis reᵗ impᵗᵃm
continentur in ad esto· quia ibi
duo qª pro pᵉcᵒne qualᵣ accipi
untur· ⁊ quolᵇ tᵉᵐ nᵒ patur nisi
modius ptes equales tenubres·

¶ Oᵈodus psius exᵗ tᵉᵐ impᵗᵒ
contianetur ¶ in tᵒa ovdur· ¶ Tᵃ
psᵐ ⁊ modius impᵗᵃis In mise
ra pluvina ¶ Tempus ptᵃm per
fcᵗm ⁊ ptᵃm impᵗᵃm ⁊ modius etiᵃ
continentur Incᵃrilon· ¶ Ad
odum psᵐ denotanoᵘ fᵐ abquos
pnitur quaduilus tres tractulos
intus continens pro tractos ut h

[musical notation]

¶ Ad modiᵘ nᵒ imp
fᵗᵘm denotanduᵣ
apponitur quaduilus duos intus
continens tractulos pro tractos uᵗh

[musical notation]

¶ Ad modiᵘ iᵗer psᵐ
denotandum in simul
apponitur intus tres tractulos cᵒ
tinens tia qᵖ atuilus tempus dno
tet psᵐ tres tractuli mod ut hic

[musical notation]

¶ Ar signand u̇ero
modum ⁊ tᵉ impᵖ
semigrailos duos uti tris tractulos
continens apponatur ut hic

[musical notation]

¶ Seᵈ uᵗ modum
dum taxat sine tᵉ
pus nartare possumus signum
sibi ipi singulare prium s. quad
lum uᵗ usum appropriam̄
ma te cᵃ Caplm̄ de notulis·
no te rubee in mac rubeis· ¶·
tectis ponantur breuit uid

annis· Dicᵉ noᵘ iᵗ iᵗᵉ qᵖ duᵃlᵇ ꝺ ca
usis prinapali· uᵗ quia rubee ꝺ aliᵃ me
sura qᵘ nigre cantᵃtuᵘ ue i Thoma ti
bi obseqª· oᵗ inter∿̄ illius matteri
rubee cantᵃtuᵘ exᵗ tᵘbᵘ ysᵗis ꝺ nᵒ
impᵗᵒ nigre uᵒ eᵃ· uᵉl uᵉre aliquo
tiens ponnaᵗ quia reualeᵘ tᵒ abo
modo uᵗ in matecᵗi In arlbus· in
tenore illius matecᵗi ꝺ rubeis eᵗ tᵃ
ⁱ pᵉcᵒne sunt accipienda te nigris
iᵗᵒ dno uᵗ ⁱe rubeis aliqui huic illuc ⁊
in balladiᵗis uⁱrellis ⁊ motecᵗis po
nuntur· qⁱ reducantᵘ ⁱd aᵈminutem
opantur uᵗ ¶ In plures entres· Cap· y·
¶ Secundᵒ modo apponuntur rubee
quia cantantur in octaua uᵗe ici uᵗ
sunt sicuᵗ ue nigri materi· et in ma
trecto quⁱ ueatuᵘ eᵘc aulis· Inhoc etiᵃ
matectur· tenoulꝭ omes rubee note di
cuntur in octaua Aliqⁱ rubee pᵒnⁱtuᵘ
ad ꝺiᵃm phi· i· simphas ⁊ plani cᵃtus
quia siunt non te plano· ⁊ de ipⁱo catu
ue Indaerbuⁱⁱ ibi aliquotiens rubee
pᵒnⁱtuᵘ ut longia ante longiam non
uialeaᵗ tia tᵃa uᵗ ue ba duiar breuiⁱ
inter longias p omⁱa· nᵒ altere tur·
ue intenore ¶ Ianou̇ a sit aius uᵗ etiᵃ
ponuntur uᵗ longia an te longiᵘ uialeat
tia qᵘ ⁱ breuiⁱ ante breuiᵗ tres seᵈ ꝺⁱᵒ
ue ¶ Inartuⁱs Rubee etiᵃ pᵒnⁱtuᵘ alⁱ
quanto quⁱ tempus ⁊ inoᵘis uariaᵗ
sⁱt intenore ⁊ Carilon Incernore etⁱᵃ
illius matecᵗi longe notule nigre tᵃ
cᵗᵃ ualent pᵉᶜᵃ· rubee iᵗᵒ duo tᵖa in
ⁱ pᵉcᵗᵃ ⁊ aᵈhuⁱ eᵃ· uᵗ in tᵒuare matecᵗi
qui uᵒeatuᵘ plures entres· siuit· te noiᵇ
¶ Cum te tᵘbⁱ ⁱ pᵒ latⁱue fᵐ qᵖ iᵗ pᵉcᵒr
sex siue nouem diuiduntuⁱ miſꝭ

n° 7 qui superpose deux textes mariaux *Vos qui admira-mini virgines / Gratissima virginis species*, à une teneur qui n'est qu'un verset de l'antienne *Ave regina caelorum*, ou encore le n° 10 *Tuba sacre / In arboris empiro / Virgo sum.*

L'actualité peut aussi retrouver place dans le motet, mais cette fois sans intention sarcastique : le n° 12, *Petre Clemens / Lugentium siccentur oculi /* Teneur (non identi-fiée), composé *pro papa Clemente,* ouvre la voix à Machaut et, plus tard, au motet que l'on dira « de circonstance ».

Il est évident que, du point de vue de la structure, le motet tel qu'il est pratiqué par Vitry se démarque très sensiblement du motet du XIIIe siècle. Le plus souvent, il reste certes une œuvre triple, c'est-à-dire à deux voix pourvues de textes différents au-dessus d'une teneur empruntée, comme au siècle précédent, mais entre ces trois voix un souci de plus grande cohérence sémantique est recherché par le biais d'un incipit plus long et au sens plus explicite. En outre, par deux fois apparaît l'usage nouveau d'une quatrième voix appelée contreteneur qui, écrite en valeurs rythmiques identiques à celles de la teneur, évolue dans le même ambitus, quitte à pratiquer de nombreux croisements. Comme cette voix est tou-jours *sine littera* (sans texte), qu'elle doit, selon toute vrai-semblance, être confiée à un instrument, il est donc pré-férable de ne pas parler alors de motet quadruple (c'est le cas des motets du deuxième fascicule du manuscrit de Montpellier au siècle précédent et du n° 11 de Fauvel, avec trois textes au-dessus de la teneur portant les appel-lations de *quadruplum, triplum, duplum* – ou *motetus* –, teneur) mais bien plutôt de motet triple à quatre voix. Désormais, la polyphonie du motet présentera une manière de dichotomie qui en modifiera profondément l'esthétique : les voix se diviseront en deux blocs de caractère fort différent, les voix de teneur et contreteneur s'exprimant en durées plus amples, fondées sur la divi-sion de la longue (▌), le *modus*, les deux voix supérieures, *motetus* et *triplum*, se limitant à des durées plus menues, fondées sur la division de la brève (▪), le *tempus*. Ce sera une disposition qu'utilisera Machaut dans ses plus grands

motets et dans sa *Messe*. Deux motets ainsi conçus figurent dans les œuvres de Vitry, le motet marial n° 7 déjà cité et le motet n° 11, marial lui aussi, *Impudenter circumivi / Virtutibus laudabilis / Contratenor / Alma redemptoris mater*. Dans les deux cas, nous sont parvenues des attestations d'un curieux procédé, appelé *solus tenor*, regroupant les notes essentielles des deux voix et constituant un ténor de substitution, ce qui conduit inéluctablement à une perte de signification musicale et sémantique au profit d'une ligne qui sera ressentie non plus comme l'élément structurel mais comme une voix de soutien. Dans ce cas, le motet n'est plus qu'à trois voix.

Une autre nouveauté que l'on retrouvera chez Machaut est l'apparition différée de la teneur (et éventuellement de la contreteneur) et de l'entrée de l'isorythmie, appelée *Introitus*. Une voix entre à découvert, soit pour vocaliser comme dans le n° 10, soit pour faire apparaître en pleine lumière la préoccupation essentielle de l'œuvre ; c'est le cas du n° 11 dans lequel le poète fait retour sur lui-même et sur ses errements : *Impudenter circumivi solum quod mare terminat* (Dans mon impudence j'ai parcouru le terrain que limite la mer). Une importance accrue est ainsi conférée à une voix supérieure, détachant un peu plus encore l'auditeur de l'attention à accorder à la teneur.

L'ampleur du motet qui cesse d'être la miniature qu'il était auparavant va de pair avec l'utilisation des plages de silence dans l'une ou l'autre des deux voix supérieures et l'abandon du quasi-syllabisme qui était de règle auparavant. Est-ce simple calcul musical ou plutôt volonté d'autoriser la compréhension du texte de l'autre voix (cela semblerait logique dans le motet n° 4) ?

Reste à évoquer l'élément le plus complexe, ce que l'on appelle l'isorythmie (du grec ἴσος, le même). L'idée n'en est pas très nouvelle, puisque le XIIIe siècle avait déjà imposé à l'emprunt liturgique mélodique, appelé désormais le *color* (mot latin masculin), des schémas rythmiques qui le découpaient en courts fragments qu'il vaut mieux dire *isochrones* pour éviter la confusion. Vitry emploie le procédé, mais sur une plus grande échelle, et

■ *Cantigas de Santa Maria.* Joueurs de vièle à archet. (Madrid, bibl. de l'Escurial.)

ÉVOLUTIONS DANS LE LANGAGE
AU XIVe SIÈCLE

Au seuil du XIVe siècle, l'attention est accaparée par les nouveautés d'ordre rythmique rendues possibles grâce au perfectionnement de la notation. Sans en nier l'importance, on doit ne pas négliger pour autant une mutation peut-être plus profonde encore dans le domaine de la conception même de la polyphonie.

Certes, sur le plan de la tonalité et du rôle des intervalles, la théorie ne présente pas véritablement de nouveautés, et les auteurs de traités ne font guère que répéter leurs devanciers : octave, quarte et quinte demeurent les intervalles fondamentaux et les seules consonances admises.

Mais une évolution plus sournoise se fait sentir, liée à la transformation du goût. La composition stratifiée à partir d'une teneur empruntée, tant dans l'*organum* que dans le motet, avait imposé une certaine fixité que l'on pourrait presque dire tonale, puisque les notes de cette teneur, quelles que soient les transformations rythmiques, restaient identiques. La démarche des voix organales, requérant l'usage de consonances sur les points d'appui, ne permettait pas l'élargissement du spectre sonore.

Par le truchement de formes profanes, ce mode de composition va se trouver ébranlé : c'est sans doute là qu'il faut rechercher les raisons du déclin progressif du motet au cours du siècle. Ces formes nouvelles ne font plus appel à quelque élément emprunté que ce soit. Le cheminement libre d'un ténor désormais inventé autorise l'exploitation d'un *ambitus* plus large et surtout, grâce à l'usage d'altérations qui commencent à se multiplier, tend vers ce que l'on appellera plus tard des modulations. La trame polyphonique pourra en être modifiée, car, bien qu'il demeure la voix de base *(sic)* et que les consonances utilisées restent les mêmes, ce ténor d'un type nouveau n'a plus à assurer le rendez-vous avec la note finale du chant emprunté et peut acheminer la chanson vers une chute sur un degré inattendu. Ainsi la ballade n° 32 de Machaut, *Plourés, dames*, conduit-elle d'un accord creux de *ut* jusqu'à une triade finale sur *ré* ; la ballade n° 36, *Se pour ce muir*, est construite sur un ténor qui débute sur *sol* pour aboutir à *si* ♭.

À ces itinéraires nouveaux pour l'époque, s'ajoutent les libertés prises dans l'ornementation mélodique. Elles entraînent inévitablement des dissonances que l'on explique aujourd'hui comme notes de passage, retards, anticipations, broderies, appogiatures, échappées, qui mettent à mal l'ancienne modalité. C'est ce qui explique le flottement dans l'interprétation même pour un théoricien du temps, un certain Goscalcus (vers 1390), qui insiste sur le fait que « motets, ballades, virelais et autres œuvres devraient être jugées d'après leurs finales* ». Et la confusion est encore accrue par la présence éventuelle de la voix de contraténor qui, complétant les superpositions de sons, fait apparaître à nos oreilles une manière de tonalité camouflée, accentuée par l'usage, dans l'une ou l'autre voix, d'enchaînements intervalliques de type cadentiel.

■ *Chansonnier des nobles*, XIIIe siècle. (Lisbonne, bibl. da Ajuda.)

Au demeurant, et sans aller jusqu'à rechercher comme A. Machabey (*Guillaume de Machaut*, Paris, 1955) toutes les cadences repérables, il faut reconnaître avec R. H. Hoppin que la progression de la dominante vers la tonique apparaît souvent**.

Dans ce domaine, la différenciation entre l'*Ars antiqua* et l'*Ars nova* est au moins aussi flagrante que dans la rythmique, dont le modernisme avait tant frappé les contemporains et que les historiens semblent avoir seul retenue.

* Cité par Reaney, in « G. de Machaut », actes et colloques n° 23, Paris, Klincksieck, 1982.
** R. H. Hoppin, *Tonal Organisation in Music before the Renaissance*, 1966.

Cuito per e gn aceito

Esta é de loor de Sça Maria

val e a sancti

en rationalise l'emploi. Le cérébral qu'il est inaugure l'usage de séquences plus longues appelées *taleae* (singulier *talea*, découpe). Il peut arriver que le *color* soit si long qu'il n'ait pas à être répété (motet n° 12) et qu'il soit simplement découpé en plusieurs *taleae* ; mais plus souvent il est répété. Cette construction peut se présenter sans recherche de complexité comme dans le motet n° 1 où le *color* est redit trois fois, identique à lui-même (*color* et *talea* coïncident) ; dans d'autres cas, le *color* est exactement divisible en un certain nombre de *taleae*, ou bien encore il est modifié dans son rythme lorsqu'il se répète, selon le procédé dit de *dragma* (motet n° 7) ou en valeurs diminuées, ce qui en accroît la perception et ménage pour conclure une animation polyphonique d'un bel effet (les n°s 6, 11 et 14). Ce *cantus per dimidium* est, sans que l'on sache pourquoi, dépourvu de texte dans ces deux motets.

Au nombre des essais de rationalisation de cette isorythmie, on peut observer la présence de brèves séquences rythmiques identiques à l'intérieur des voix de *duplum* et de *triplum* (n° 9) et un désir de structurer la pièce par l'introduction du hoquet. Souvent situé vers la fin, celui-ci va jusqu'à affecter les quatre voix dans la section diminuée du n° 11 (panisorythmie).

Dans le motet n° 9 enfin, le désir de rechercher la complexité est plus évident : la fin du *color* – au demeurant non identifié – ne coïncidant pas avec une fin de *talea*, ce *color* doit être repris dès la deuxième note de la quatrième *talea*, la fin simultanée ne se produisant, d'ailleurs au prix d'un léger raccourcissement, qu'à la fin de la huitième *talea*.

C'est sans doute ce jeu subtil, plus intellectuel et mathématique que musical, qu'a retenu la postérité, d'où le jugement peu flatteur et, sans doute, passablement injuste porté sur les œuvres de l'évêque de Meaux : parmi ses œuvres n'ont été retrouvés que les motets, destinés à satisfaire une élite d'initiés et dont le caractère est beaucoup moins agréable que des pièces lyriques qui auraient pu le rendre plus attachant.

■ *Cantigas de Santa Maria.* Joueur de chalemie. (Madrid, bibl. de l'Escurial.)

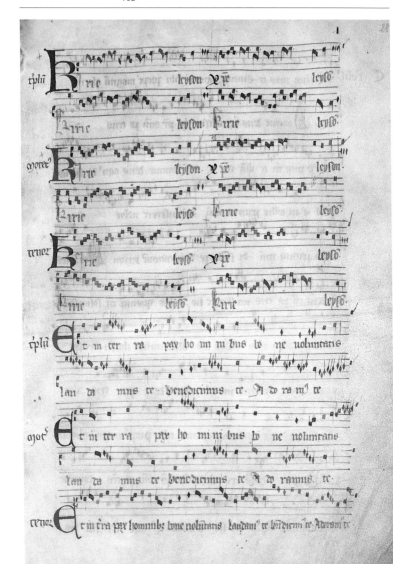

LES DÉBUTS D'UN RÉPERTOIRE RELIGIEUX

À la suite des conflits de prééminence entre le roi de France Philippe le Bel et la papauté, de l'exil des papes en Avignon (1305-1378) et du grand schisme de quarante années (1378-1417) où deux papes régnèrent simultanément qui à Rome, qui en Avignon, l'autorité de l'Église était incontestablement tombée dans le discrédit. On a toutefois exagéré l'influence de ces troubles sur la production de musique religieuse. Certes, l'état d'esprit avait changé, le penchant pour le mysticisme de l'époque de Saint Louis faisait place au rationalisme, au doute, et les œuvres engagées comme le *Roman de Fauvel* concentraient sur elles l'attention ; mais, depuis longtemps déjà, la musique religieuse ne tenait plus le devant de la scène : le motet, qui avait détrôné l'*organum* et le conduit, même sur textes en latin, était rarement œuvre religieuse ou de dévotion. Cette contamination du répertoire sacré par les préoccupations profanes inquiétait l'autorité religieuse. La preuve nous en est fournie par la célèbre décrétale de 1322 du pape Jean XXII, *Docta sanctorum*. Le pontife s'insurge contre les abus d'emploi, par les tenants du modernisme, de motets en français dans le sanctuaire (*melodias triplis et motetibus vulgaribus nonnunquam inculcant*, « ils farcissent » parfois les mélodies de triples et de doubles en langue vulgaire) ; il leur reproche aussi de préférer leurs propres chants aux chants anciens, d'user de valeurs trop brèves, de hoquets (*melodias hoquetis intersecant*, ils

■ *Messe de Tournai.* Page liminaire de cette première messe polyphonique présentant la série d'invocations du *Kyrie* et le début du *Gloria (Et in terra)*. Le scribe a soigneusement indiqué en marge les noms des voix : *triplum, motetus, tenor.* (Tournai, bibl. cathol., ms. A 27, f° 28r°.)

segmentent les mélodies par des hoquets), de rechercher la virtuosité (*ex earum multitudine notarum*, par suite du grand nombre de notes) jusqu'à rendre méconnaissables les bases – comprendre le chant emprunté – de l'anti-phonaire et du graduel.

Ces directives ont sans doute donné le coup de grâce à la volonté d'embellissement des répons du *proprium*, à savoir les *Graduels* ou *Alleluias*, trop rarement utilisables, même avec le secours de clausules de substitution, et orienté les efforts vers des pièces moins ambitieuses comme les *Kyrie*, *Sanctus* ou *Agnus*, plus aisément utili-sables. Ainsi s'achemine-t-on vers la naissance d'un véri-table répertoire sacré par le truchement d'une forme promise au plus bel avenir, la messe polyphonique.

C'est bien l'impression qui se dégage de l'étude de deux des plus importants manuscrits d'œuvres de ce début du XIVᵉ siècle : le manuscrit d'Ivrea, réalisé sans doute à la cour de Gaston Phébus vers 1365, et qui contient, en plus des pièces religieuses, quelques motets profanes (plusieurs de Vitry), des chasses (dont une de Machaut), des virelais et des pièces sans textes ; et sur-tout le manuscrit d'Apt, dont les cinq cahiers ont été assemblés à la cour pontificale d'Avignon au plus tard vers 1400, plus homogènes puisque ne s'y trouvent que des pièces religieuses et dans lequel on croit pouvoir identifier un échantillon fort important du répertoire d'Avignon. Tous deux, à la manière du manuscrit de Las Huelgas, présentent de façon un peu anarchique un choix de pièces à la discrétion des chantres. C'est ainsi que se succèdent des séries de *Kyrie, Et in terra* (premier verset du *Gloria*), *Patrem* (premier verset du *Credo*), etc., sans volonté organisatrice apparente. Toutefois, pour nous qui connaissons l'évolution ultérieure, la ten-tation est grande d'en percevoir les premiers symp-tômes. Le manuscrit d'Ivrea ne permet aucun rappro-chement crédible entre les 25 parties de messes sur les 81 œuvres qu'il contient ; mais on parle aujourd'hui d'une *messe d'Apt* du fait que les folios 9 à 13 font se succéder un *Kyrie* tropé à quatre voix (attribué à De

Fronciaco), un *Et in terra* à trois (attribué à Depansis) et deux pièces, elles aussi à trois, un *Sanctus* et un *Agnus Dei*, du même compositeur Martin Fleurie (chapelain à la Sainte-Chapelle de Paris en 1385). Bien sûr, nous sommes encore loin d'un cycle de pièces voulu tel, mais ce rapprochement traduit un souci nouveau qui s'apparente à un besoin de cohésion.

Cycles polyphoniques destinés à la messe

Apparemment plus délibérés, certains groupements de parties de messe semblent bien destinés à l'utilisation dans le cadre d'une même cérémonie, au moins dans l'esprit du ou des copistes.

La messe de Tournai

On trouve le plus ancien de ces ensembles dans le manuscrit 27 de la bibliothèque de la cathédrale de Tournai. Huit sections y sont réunies selon l'ordre liturgique dans les folios 28 à 33 (dont deux ajoutées en bas des deux dernières pages par une autre main, un second *Sanctus* et un second *Kyrie* qui manifestement ne font qu'occuper un espace laissé libre). Cette compilation réalisée vers le milieu du siècle, c'est-à-dire moins tôt qu'on l'imaginait, groupe des pièces à trois voix assez anciennes, écrites en longues et brèves sans *cantus firmus* identifié, un *Kyrie* (vers 1330), un *Sanctus* et un *Agnus* selon la notation modale franconienne. Les voix, un peu entravées dans leur expression, marchent de conserve à la manière des anciens *conductus*. On ne peut guère les considérer comme des motets à la fois du fait de l'absence probable de chant emprunté et du manque d'autonomie de chaque ligne. Dans ces trois sections, on peut reconnaître tout au plus une touche de modernisme avec l'utilisation du hoquet dans les deux *Osanna*. Le *Gloria* avec un *Amen* d'une ampleur inaccoutumée et le *Credo*, dont la notoriété devait être grande puisqu'il figure dans trois autres manuscrits (dont celui d'Apt), font appel en revanche à un rythme et à une notation conformes aux théories de l'*ars nova*. Dans ces deux pièces aux nombreux versets, on peut remarquer l'apparition d'un découpage du texte en plusieurs sections qui sont reliées par de brefs conduits instrumentaux comme le fera Machaut. Quant à la pièce finale, elle adopte franchement la forme du motet pluritextuel : au-dessus du *cantus firmus* isorythmique énoncé deux fois, le *duplum* adresse, en latin, une demande pressante aux puissants de secourir les indigents (*Cum venerint miseri... ad ostium...* Quand les malheureux viendront à votre porte) et le *triplum* (*Se grace n'est à mon maintien contraire*) dit le regret d'un amoureux de ne pouvoir plaire à la « grant valour » de sa dame. Étrange fin de messe que ce motet peu recueilli dans lequel on pourrait peut-être simplement voir combien étaient plus étroits qu'aujourd'hui les liens entre les préoccupations profanes et les sentiments religieux.

Le caractère hétéroclite des pièces ainsi rassemblées n'est guère niable, même si quelques musicologues veulent y trouver une certaine unité de style. Mais le manuscrit nous renseigne sur l'usage et met en pleine lumière le besoin naissant de grouper, avant de chercher à les assembler, les sections qui constitueront l'*ordinaire* de la messe (besoin finalement peu évident puisqu'elles sont séparées dans la liturgie).

Le but poursuivi par le compositeur de cette messe de Tournai n'est toujours pas élucidé. Découverte dans les archives de la Confrérie des notaires, elle a été longtemps considérée comme destinée à la fête de cette confrérie, mais les travaux les plus récents, tenant compte de l'abondance de pièces mariales dans le manuscrit, plaident en faveur d'exécutions pour les grandes fêtes de la Vierge.

La messe de Toulouse

Dans les espaces laissés libres d'un *Missale Romanum* toulousain du début du XIVe siècle ont été ajoutées, quelque soixante-dix ans plus tard, des pièces polyphoniques que l'on croit pouvoir regrouper en un ensemble, bien que seuls *Sanctus* et *Agnus* soient présentés l'un après l'autre avec indication du folio où se trouve *Ite, missa est* : donc il n'y a guère de doute sur l'intention. Seul le *Kyrie* est isolé ; le *Gloria* manque, et du *Credo* n'existe qu'un seul fragment de teneur qui permet de croire qu'il serait le même qu'un *Credo* du manuscrit d'Apt. Incontestablement un peu plus récente que la *messe de Tournai,* cette messe est écrite à trois voix avec paroles au seul *cantus.* Le style simultané à la manière du *Kyrie* de Tournai y est totalement absent. Quant à la contreteneur, écrite dans le même registre que la voix supérieure, elle apparaît plutôt, notamment dans le *Kyrie* et le *Sanctus*, comme un second *cantus,* au-dessus d'une teneur non identifiée.

Dans ces deux invocations d'une ampleur assez nouvelle, on voit s'amorcer des développements mélodiques qu'utilisera Machaut, particulièrement dans ses ballades, et on peut observer l'apparition de certains motifs récurrents de quatre croches ou encore le jeu d'écho ménagé entre les voix supérieures, procédés qui seront employés en vue d'assurer l'unité stylistique de la messe de Nostre-Dame. L'*Agnus Dei, Rex immense*, tropé, redonne à la voix de contreteneur son rôle habituel de complément de la teneur. Et la dernière section, intitulée *Motetus super Ite, missa est*, est en effet un motet dont le seul *cantus* est pourvu d'un texte qui chante les louanges du Christ et clôt logiquement cette messe par les mots *dicamus gracias.*

La messe de Barcelone

Un beau manuscrit entièrement polyphonique, le manuscrit 971 de la bibliothèque de Catalogne, présente, en plus de deux autres motets latins, cinq sections de la messe dans l'ordre liturgique ; seul manque l'*Ite, missa est*. Après un *Kyrie* à trois voix – cantus, contreteneur, teneur – toutes trois avec texte et d'expression presque strictement simultanée, vient un *Gloria* dont le *cantus* est amplifié par cinq interpolations en vers décasyllabiques, la première débutant par les mots *Splendor Patris in celis oriens*. Le *Credo*, dit *De Rege*, la seule pièce signée du nom de Sortes, est de caractère assez archaïque, les deux voix de contreteneur et de teneur ne comportant que des longues et des brèves. Le *Sanctus*, motet pluritextuel, dont toutes les voix obéissent à un cadre isorythmique (on dit alors *panisorythmique*), répartit les paroles officielles de la triple invocation au sein du texte de tropes : *Sacro <u>Sanctus</u>... pater ingenitus*, dit le *cantus*, à quoi fait écho la contreteneur *<u>Sanctus</u> miro gaudio*. Cette prise de relais est agréablement exploitée dans toute la pièce. Grâce à l'ajout, dans la trame, d'une seconde contreteneur, l'*Agnus Dei* à quatre voix prend un caractère festif de bel effet comme on aimera le faire à l'époque de Josquin. Ce caractère se trouve d'autre part renforcé par l'animation rythmique due au dialogue en hoquet des trois voix supérieures pour la conclusion *dona nobis pacem*.

La messe de la Sorbonne

Très fragmentaire mais présentant de nombreuses analogies avec d'autres pièces avignonnaises, cette messe, attribuée à Jean Lambelet à cause d'une rubrique intégrée au *Kyrie*, paraît plus intéressante du fait que s'y manifeste une certaine recherche d'unité entre les sections.

Le seul *Kyrie* figurant dans le manuscrit, *Kyrie, expurgator scelerum*, serait la dernière invocation de cette section avec même texte pour *cantus* et contreteneur. Une partie seulement du *Gloria* est exploitable ; mais, comme la messe de Tournai, elle utilise, avant Machaut, de brefs conduits instrumentaux pour séparer certains versets, ce qui semblerait confirmer une pratique assez répandue.

■ *Messe de Barcelone. Agnus Dei.* Seules apparaissent sur ce verso les trois sections du *cantus* et du ténor (les deux contraténors leur font face sur le recto suivant – qui n'est pas présenté ici – pour permettre la lecture simultanée). (Barcelone, bibl. de Catalogne, ms. 971.)

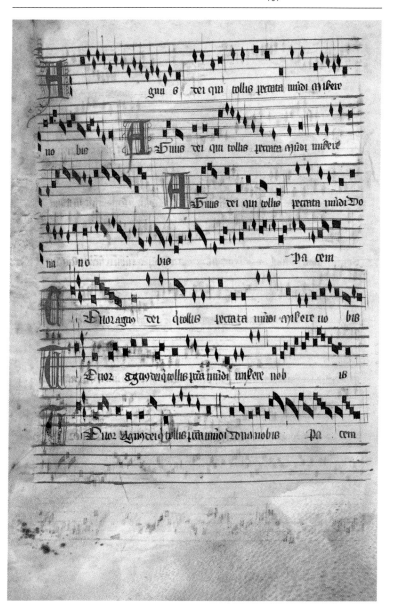

Le manuscrit ne comporte pas de *Credo*, mais des spécialistes s'appuyant sur quelques ressemblances avec le *Gloria* croient pouvoir considérer un *Credo* du manuscrit d'Ivrea (f°s 34-35) comme appartenant à cet ensemble. Il semblerait aussi que l'on puisse compléter les éléments lacunaires d'un *Sanctus* et d'un *Agnus* par d'autres emprunts au répertoire d'Avignon. Enfin, en place d'*Ite, missa est*, on trouve un bref et curieux *Benedicamus Domino* (habituellement réservé au temps de pénitence) à deux voix dont le chant commun se trouve au superius, associé à un contre-chant note à note de caractère improvisé.

De toutes ces considérations, peut-on déduire que ce Jean Lambelet serait le compositeur non du seul *Kyrie*, mais de l'ensemble, quitte à avoir démarqué d'autres œuvres qu'il connaissait ? D'aucuns franchissent le pas. Il serait alors le précurseur de Machaut.

GUILLAUME DE MACHAUT

Plus que Philippe de Vitry à qui l'on doit pourtant le
terme d'*ars nova* pour caractériser la production musicale
du XIVᵉ siècle, Machaut est la figure emblématique
de l'époque. Reconnu grand poète après une période
de purgatoire où on le taxa de chef d'école, il semble être
un écrivain d'une tout autre envergure que l'évêque de
Meaux (dont, au demeurant, peu d'œuvres littéraires
nous sont parvenues), autant par la qualité et la variété

■ Prologue (détail).
Machaut, déjà âgé
(le prologue a été
rédigé tardivement),
se dispose à
accueillir Amour
qui « li amaine trois
de ses enfants,
c'est assavoir Dous
Penser, Plaisance
et Esperance pour
lui donner matere à
faire ce que Nature
li a enchargié ».
(Paris, BNF,
ms. fr. 1584, f° D.)

de son inspiration que par l'abondance des œuvres : les manuscrits eux-mêmes, par leur nombre, leur cohérence et leur valeur esthétique, sont là pour souligner le prestige et la notoriété de l'auteur. Compositeur d'une valeur incontestée, il a pratiqué tous les genres musicaux utilisés avant lui, assumé tous les modes d'expression, même les plus novateurs, et, grâce à son esprit méthodique, il a contribué à fixer les genres. Son souci d'ordre se traduit dans l'organisation rigoureuse de ses recueils qu'il explique dans son *Prologue* où *Musique*, l'un des enfants de *Nature*, trouve tout naturellement sa place. Tous ses poèmes n'ont pas été revêtus de musique, mais il en a destiné certains à l'être et a donc de ce fait clairement posé le problème de la relation entre le texte et la musique, de la tension entre une logique de discours et le cadre contraignant du vers et de la strophe.

Bien que l'on connaisse assez mal la personnalité de ce poète musicien dont quelques étapes de la vie sont établies grâce aux relations qu'il entretint avec de hauts personnages qui le tenaient en grande estime, il est possible au travers de ses poèmes d'imaginer un peu quel il put être. Homme d'Église, il est bien aussi homme de son temps. Il s'accommode de l'habitude de se référer à Dieu, mais la confiance en un ordre supérieur, en une Providence au sens fort a disparu au profit d'une puissance aveugle, Fortune, qui ne peut guère qu'engendrer sinon la révolte, du moins le fatalisme ou la résignation, « Car elle n'est ferme ne stable / Juste loyal ne véritable ». D'où une poésie qui met au premier rang les qualités humaines et aristocratiques de loyauté, honneur ou fidélité, même en amour qui n'est pas seulement plaisir, mais aussi épreuve. Une telle attitude devant la vie ne semble pas prédisposer à l'expression du sentiment religieux. Mais, dans ce domaine encore, Machaut relève le gant et redonne à la musique d'Église un lustre qu'elle avait perdu. Cinq de ses motets sont, sinon liturgiques, du moins de dévotion, et sa *Messe de Nostre-Dame* est l'une des premières grandes fresques sacrées dont la structure a perduré jusqu'à nos jours.

GUILLAUME DE MACHAUT

Né vers 1300, vraisemblablement en Champagne, et sans doute d'une souche familiale originaire du village de Machault, selon ses propres dires :

> Je, Guillaume dessus nommez
> Qui de Machau suis surnommez,

Guillaume est mort en avril 1377, à Reims, où il fut inhumé dans la cathédrale aux côtés de son frère Jean, mort en 1374. Aucun document ne subsiste sur son enfance et sa formation. En 1323, il se trouve, en sa qualité de clerc – secrétaire au service du roi de Bohême, Jean de Luxembourg, qu'il accompagne probablement dans ses nombreuses campagnes en Silésie, Lituanie, Pologne et bien sûr à Prague, l'une de ses résidences. En dépit de canonicats obtenus dans plusieurs villes, tout en restant « lais » ou « clerc » (Verdun, Arras, Reims), il poursuit le service du prince jusqu'en 1340 où Jean de Luxembourg, devenu aveugle, abandonne sa vie aventureuse. Machaut réside désormais à Reims, dans une maison proche de la cathédrale. En 1340, il entre au service de Charles de Navarre, sans rompre pour autant avec la maison régnante malgré les graves dissensions entre ce prince et le roi. C'est entre 1361 et 1364 que se situe le fameux roman d'amour (cf. le *Voir dit*) entre Machaut et la jeune Péronne d'Armentières âgée de dix-neuf ans. Rien ne s'oppose à ce qu'il ait assisté, le 19 mai 1364, au sacre de Charles V à Reims, mais personne aujourd'hui ne soutient plus que la célèbre *Messe* qu'on lui doit – bien qu'elle puisse dater de cette période – ait été écrite pour cette circonstance : on sait que le rituel très strict des sacres exigeait le chant liturgique monodique.

Son œuvre se trouve conservée dans 6 grands manuscrits richement enluminés, en partie identiques (5 se trouvent à la Bibliothèque nationale de France), dont 2 ont été réalisés sous sa surveillance : l'un d'eux, le manuscrit A (fonds fr. 1584) que l'on date de 1370-1377, porte la mention *Vesci l'ordonance que Machaut wet qu'il ait en son livre*. Et comme le classement des œuvres n'est pas essentiellement différent d'un manuscrit à l'autre, et que d'autre part, même si la datation précise pose plus d'un problème, il semble que les œuvres de chaque genre soient disposées de façon quasi chronologique, il n'est pas surprenant que l'édition la plus fiable

Coment nature voulant ordenroit plus

ture par qui tout est fourme

GUILLAUME
DE MACHAUT

■ L'autre dessin
en pleine page
du Prologue montre
« comment Nature,
voulant… révéler…
les biens et honneurs
qui sont en amours,
vient à Guillaume
et li ordene à faire
sur ce nouviaux
dis amoureux,
et li baille, pour
li aidier… trois
de ses enfans…
Scens, Retorique
et Musique ».
(Paris, BNF,
ms. fr. 1584, f° E.)

EXTRAIT DU PROLOGUE PLACÉ PAR MACHAUT EN TÊTE DES PRINCIPAUX MANUSCRITS (VERS 198-210)

Et Musique est une science
Qui vuet qu'on rie et chante et dence ;
Cure n'a de merencolie
A chose qui ne puet valoir,
Eins met telz gens en nonchaloir.
Par tout, où elle est, joie y porte ;
Les desconfortez reconforte,
Et nès seulement de l'oïr
Fait elle les gens resjoïr.
N'instrument n'a en tout le monde
Qui seur Musique ne se fonde,
Ne qui ait souffle ou touche ou corde,
Qui par Musique ne s'acorde.

actuellement des œuvres musicales du chanoine de Reims ait adopté l'ordre qu'il dit souhaiter : lais, motets, messes, hoquet David, et enfin les œuvres profanes, ballades, rondeaux et virelais.

Nous ne ferons qu'une brève allusion à deux ouvrages poétiques où sont insérées des pièces musicales. Le plus ancien (avant 1349), le *Remède de Fortune*, long poème de plus de 4 000 vers, surtout connu pour la longue liste d'instruments de musique que l'on y trouve, évoque l'itinéraire sentimental de l'Amant qui n'ose se déclarer à une Dame inaccessible malgré les encouragements d'Espérance. Les 7 pièces qui y sont intégrées, toutes différentes de forme, se présentent comme un échantillonnage, une sorte de « poétique musicale » : *lai, complainte, chanson roial*, toutes trois monodiques, *baladelle, ballade, rondelet*, à trois voix, puis un *virelai* monodique. Au très beau lai qui débute par la phrase désabusée : *Qui n'arait autre deport* (joie) / *En amer* / *Fors Dous Penser* / *Et souvenir* / *Aveuc l'Espoir de joir* / *S'aroit-il tort* / *Se le port* (secours) / *D'autre confort* / *Voloit rouver* (demander), répond la sublime complainte de 36 strophes isométriques où le poète justifie les méfaits de Fortune : *Tels rit au main* (matin) *qui au soir pleure*. Pourtant, les 5 strophes de la *Chanson roial*, la seule des chansons de ce type à avoir été ornée de musique, se terminent par l'*envoy* suivant : *Amours, je say sans doubtance / Qu'à cent doubles* (fois) *as meri* (récompensé) / *Ceaus* (ceux) *qui t'ont servi*.

Les poèmes qui constituent le *Voir dit* (récit véridique) des années 1362-1365 se retrouvent dans l'ensemble des pièces lyriques de Machaut. Ces textes jalonnent l'aventure épistolaire entre Machaut et Péronne. De cette œuvre, nous dirons seulement qu'elle démontre la grande habileté de Machaut à mêler au récit versifié en octosyllabes les lettres en prose et telle *ballade* ou tel *rondel*. À preuve cette *balade et y a chant* : *Plourés, dames, plourés vostre servant*, qui vient si à propos illustrer le désarroi du poète et sa mort prochaine (cette pièce est, dit-il, son « testament »), si *Toute-Belle* ne donne de ses nouvelles : *Car je fuis II* (deux) *mois tous entiers / Qu'il ne fu voie ne sentiers / Homme, femme ne creature / Qui de ma douce dame pure / Me deist aucune nouvelle*.

Le lai

En tête des compositions musicales dans presque tous les manuscrits, les lais doivent cette place de choix à l'estime qu'en escomptait l'auteur. Dix-huit ont été mis en musique, à quoi il faut ajouter le lai du *Remède de Fortune*. Machaut s'inscrit ici dans une lignée ininterrompue de poètes musiciens dont les plus anciens remontent à la fin du XIIᵉ siècle. Les lais de Vitry ayant été perdus, seuls les 4 lais anonymes du roman de Fauvel, antérieurs à 1314, et les 19 de Machaut constituent la période classique du genre. Instable auparavant, le lai acquiert en effet une certaine stabilité, mais la forme ne sera précisée qu'à la fin du siècle par Eustache Deschamps dans son *Art de dictier* de 1392, époque à laquelle les poètes ne seront plus en mesure d'écrire eux-mêmes la musique de leurs lais.

Sur le plan poétique, la tâche est déjà fort difficile. Deschamps dira : « C'est une chose longue et malaisée à faire et à trouver. » La facture en est savante et confine parfois au tour de force, car le nombre de rimes de ces œuvres strophiques très longues (aucun n'a moins de 140 vers et certains dépassent 400) est très restreint et la préférence va aux vers courts. Au XIVe siècle, la structure, jusque-là très variable, tend à se fixer à 12 doubles strophes hétérométriques, chacune se divisant en 2 couplets de même mètre chantés sur la même mélodie ; la douzième strophe, la *responsion*, toutefois reprend la facture de la première. Une seule exception dans l'œuvre de Machaut : le premier lai – et sans doute le plus ancien – dont les 12 strophes du même type sont dites sur la même musique.

Cette longue méditation de caractère personnel qui, de façon souvent moralisatrice, traite de sujets amoureux où interfèrent quelques préoccupations religieuses, s'unit intimement à un discours musical qui épouse la diction poétique. La longueur des incises musicales est souvent calquée sur celle du vers, et il n'est pas rare qu'une fin de vers soit marquée par une figure de silence. Le style quasi syllabique laisse peu de place aux mélismes ou autres ornements.

Ces détails d'écriture s'intègrent à des strophes dont l'organisation est assez variée. Certaines adoptent la composition continue, c'est-à-dire sans reprise interne, chacun des deux couplets étant chanté sur la même musique ; dans ce cas, on dispose, sous la portée, deux textes, un pour chaque couplet. D'autres présentent une composition avec reprise : chaque couplet se divisant en deux sections chantées sur la même musique avec ouvert et clos ; dans ce cas, 4 textes sont disposés sous la musique, 2 pour l'ouvert, 2 pour le clos. Il existe enfin des types mixtes, dont la première partie du couplet est avec reprise et la seconde en composition continue ; dans ce cas, pour la première partie, on dispose 4 textes ; pour sa seconde, 2 seulement, l'un pour le premier couplet, l'autre pour le second.

Un exemple illustrera notre propos ; voici le premier couplet de la troisième strophe du lai n° 4, *Nuls ne doit avoir merveille*.

■ Dans un jardin clos, « l'amant fait un lay de son sentement ». Début du lay du *Remède de Fortune* : « Qui n'aurait autre deport. » (Paris, BNF, ms. fr. 1586, f° 26.)

	Pour ce, de loyal cuer fin,	
meure*	Jusques a tant que je fine*,	a (ouvert)
	L'ameray en foy	
puis*	Ne ja n'en quier* faire fin ;	
	Car tant par est vraie, fine	a (clos)
manière*	Et de bel arroy*	
	Qu'elle est de tous biens en soy	
	Feuille, fleur, fruit et racine	
tige*	Et vrais estos* qui ne fine	composition
	D'accroistre. Pour ce m'ottroy	continue
accomplisse*	A ce que tout enterine*	
	Son bon et son vueil de moy.	

Il peut arriver aussi que la musique fasse apparaître une structure assez subtile que la poésie seule ignorerait. Ainsi, dans la quatrième strophe du *Lai des dames* composée en vers de 7 et 3 pieds, il faut répartir musicalement les vers de la façon suivante :

$$\underbrace{7\ 3\ 7\ 3}_{a}\qquad\underbrace{7\ 7}_{b}\qquad\underbrace{7\ 3\ 7\ 3}_{a'}$$

Les deux heptasyllabes centraux que Machaut choisit d'exprimer dans un registre plus élevé constituent de toute évidence le point culminant avant le retour aux quatre derniers vers qui ne sont qu'un *da capo*.

■ Départ pour la chasse. « Comment Guillaume chevauche Grisart. » (Paris, BNF, ms. fr. 1587, f° 79.)

Mais au-delà de ces détails d'écriture, on ne peut pas ne pas remarquer que chez Machaut se manifeste une volonté de structuration que la forme n'avait jamais connue à ce point. Ainsi, le poète et compositeur s'efforce de varier mètres, nombre de vers et schémas musicaux, et surtout il généralise la règle de l'identité poétique entre la dernière et la première double strophe comme le prescrira E. Deschamps (« Et convient… que la dernière couple des XII qui font XXIIII et qui est et doit estre la conclusion du lay, soit de pareille rime et d'autant de vers »), mais de plus il l'assortit dans la plupart des cas d'une transposition à la quinte supérieure pour conférer un éclat tout particulier à ce qui apparaît alors mieux comme une conclusion.

Le lai et la polyphonie

Machaut use, dans le genre pourtant traditionnellement monodique du lai, de possibilités diverses de polyphonie. Il prend modèle sur une pratique déjà éprouvée et dont sont parvenus quelques exemples français comme la célèbre *chace* à trois *Se je chant mains que ne suel* (moins que je n'ai coutume)… *ch'est pour l'amour des faucons*, contenue dans le manuscrit d'Ivrea et dans un rotulus provenant de Picardie. Les quatre lais polyphoniques de Machaut se présentent dans des manuscrits de la même manière que les lais monodiques. C'est grâce à quelques indications contenues dans deux d'entre eux que les musicologues se sont mis à rechercher la solution de ces rébus. Au début de chaque double strophe paire du *lay de la fonteinne « Je ne cesse de prier »*, les manuscrits portent la mention *chace* (c'est-à-dire canon), et à la fin, la rubrique *iterum sine pausa* (de nouveau sans pause) ; on peut ainsi concevoir une polyphonie canonique à trois entrées pour toutes les doubles strophes paires. Le même procédé se retrouve dans le *lay de confort « S'onques douleureusement »* dont la fin de chaque double strophe est suivie de la rubrique *Statim et sine pausa dicitur secundus versus, scilicet : Qu'en terre n'a element. Et sic de omnibus aliis* (le second vers : Qu'en terre… est dit aussitôt et sans pause. Et ainsi de tous les autres). Toutes les strophes doivent donc être considérées comme canoniques.

Tout autre est le cas des deux derniers lais qui, d'ailleurs, ne figurent que dans le manuscrit le plus tardif. Leur nature polyphonique – peut-être facultative dans la pensée de Machaut – n'a été que tardivement découverte. Dans chacune des strophes du *lay de consolation*, le premier et le second couplet peuvent être exécutés simultanément, en dépit de la logique sémantique qui voudrait que les couplets se succèdent, créant ainsi une polyphonie à deux qui rapproche curieusement le lai de l'esthétique pluritextuelle du motet. Quant au dernier lai, *En demantant et lamentant*, il est encore plus étrange puisque les strophes se superposent trois à trois, accentuant encore les difficultés de perception. Le lai se présente donc comme une succession non plus de 12 doubles strophes, mais de 4 fois 3 doubles doubles

GUILLAUME
DE MACHAUT

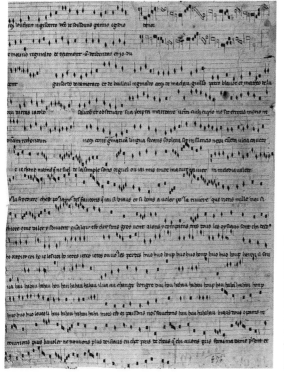

■ À la quatrième portée de ce *rotulus* (manuscrit utilitaire destiné à être transporté par le jongleur), début de la *chace : Se je chant mains que ne suel*, à interpréter en canon à trois voix. (Paris, BNF, Picardie 67, f° 67v°.)

strophes. Cette recherche de complexité s'inscrit bien dans la ligne de l'évolution générale vers un art de plus en plus sophistiqué qui sera la caractéristique de la fin du siècle.

Les autres genres profanes

Le lai demeure, malgré les innovations relevées ci-dessus, un genre essentiellement monodique dans lequel Machaut se montre héritier des trouvères, et c'est dans les autres formes fixes qu'il apparaît plus novateur. Dès le XIVe siècle, il fut du moins, avec Vitry – dont les œuvres sont perdues –, réputé tel.

La ballade

Avec Machaut, la ballade, de forme quelque peu mouvante auparavant, se normalise et comporte désormais 3 strophes isométriques mais de longueur variable, le plus souvent 7 ou 8 vers, volontiers décasyllabiques, ce qui n'interdit pas une certaine variété : c'est le cas de la ballade n° 4, *Biauté qui toutes autres pere,* où se succèdent 6 octosyllabes et 2 décasyllabes, et de la ballade n° 6, dont les 14 vers courts présentent la disposition suivante : 7 4 3 7 (deux fois) + 4 3 7 (deux fois).

La relative longueur des vers cadre assez bien avec ce genre considéré comme le plus noble. Son caractère intellectuel est accentué par le souci de mener avec logique trois développements successifs, éventuellement avec le renfort de références mythologiques, vers un même vers refrain qui en est l'aboutissement.

Musicalement, la structure de la strophe est fixe : les deux premiers distiques à rimes croisées se chantent sur les mêmes phrases mélodiques et ne se distinguent que par l'ouvert et le clos. Quant à la seconde section, elle peut se présenter de deux manières : ou bien, comme par le passé, deux ou trois vers sur des phrases mélodiques nouvelles aboutissent à un clos et sont suivis par le vers refrain sur sa formule propre (c'est le type que le théoricien Egidius de Murino appelle la ballade simple, et auquel répondent la majorité des ballades de Machaut) ;

■ Trois ballades en *chace*. La première, dont on ne peut lire ici que les strophes 2 et 3, *Sans cuer m'en vois* (Je m'en vais), *dolens et esplourez,* la seconde (en première colonne) *Amis dolens, maz* (abattu) *et desconfortez,* et la troisième *Dame, par vous me sens reconfortez* se terminent par le même vers refrain *En lieu dou cuer, Dame, qui vous* (me) *demeure.* Le texte musical, identique pour les trois ballades, se chante en canon. (Paris, BNF, ms. fr. 22546, f° 137.)

Et souuenirs qui seet tous les seeres.
Que dous pensers mainenstre et enuoie.
Dont en moy est empreins et figurez. vos
sans corps et vo uraiment quoie. vo dous
riant regarder et vo douceur. qui me fait aou
rer vous que ie voy par tout et a toute heure.
en lieu don cuer dame qui vous demeure.

Sar plus de ioie et de douceur assez. quant
ie les ay que de mon cuer natuie. car en vous
cas sui despoir confortez. et souuenirs me mau
stre ou que ie soie. vo plaisant viaire cler.
et sauuaus gries me vient par desuer. tres
dous pensers le destruit et deuiere. en leu don
cuer dame qui vous demeure.

vous conforte et sequeure. En lieu don cuer
ainis qui me demeure.

Si vous promet quen ton serez amez. par dessus
tous sins ce que ien rauoie. Et auecie cecion
cuer emporterez. qui pour vous seul me guer
pist et renoie. Se le weillies bie garder. Et come
aim comon et amer. car plus chier don nay
dont ie vo honneure. En lieu don cher amis
q̃ me demeure.

Tous do leus maz
Que vos cuers mest

et desconforte. partez de moy et volez
cõ entiers demorez. tresbien le croy dont ie ne

que ie adi e.
vous por toi e.

Di bian don guerre donner. et vous

peusse a fin souhait donner. quanque

desirs en ce monde saueure. En lieu don

cuer auis qui me demeu te.

Car il est vrais. fins. loiaus. et secrez. frãs
et gentis ne dire ne saroie. La riche honeur
dont il est couuenues. He le haut bien si ne say
uoir ne voie. comment peusse siuer don reue
rir. mais ie me weil pener. qua mon poon

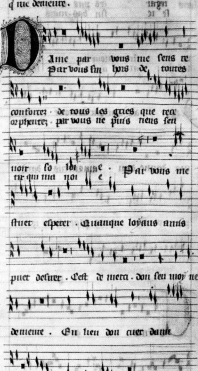

Dame par vous me sens le
Par vous sui hors de toutes

confortez. de tous les gries que rea
or pиrtez. par vous ne puis neus sen

noir so loi ume. Par vous me
tre qui ma noi e.

stuer esperer. Quanque loyaus amis

puet desirer. Cest de mera. don seu moy ne

demeure. En lieu don cuer dame

qui vous demeu re.

Dame ie sui par vous resusettez. en paradis
sus penser ou iestoie. de mes morelz pious as
seurez. des grans doleurs gnns que ie sentoie
par vous est vous mon amer. Aut vre amie
damigiee. apeler. et sil vo plaist q̃ ioie en moy a
queure. En lieu don cuer dame qui me demeure.
Si seroie faus traitres promiles. douce dame se
ie ne vo amoie. tres loyaument. car tv mes bies
est nez. de vre bien. dont si fort me restoie. Aut bele
z bõne sans per. et des dames la flour vous oy
nõmer. Que tendrement de ioie en riant pleure. Et
lien en e

■ Scène de goûter champêtre. (Paris, BNF, ms. fr. 22545, f° 72.)

ou bien la seconde section comporte elle aussi une reprise avec ouvert et clos, ce qui contribue à donner un moindre relief au vers refrain puisqu'il cesse d'avoir son autonomie mélodique. C'est ce type que Murino appelle ballade double. À vrai dire, Machaut ne semble pas avoir souhaité isoler musicalement le refrain ; même dans la ballade simple, il recherche la cohésion interne du discours en réemployant des motifs qui circulent d'une section à l'autre. La ballade n° 28 en est l'un des exemples les plus probants : le même mélisme descendant se trouve dès le premier vers, puis une seconde fois avant l'ouvert et le clos et enfin dans le vers refrain.

Les dispositions vocales sont fort variées et font apparaître en pleine lumière combien reste vivante la notion de composition stratifiée. En effet, si 15 ballades n'existent qu'à deux voix, 4 autres, elles aussi à deux voix (les n°s 3, 4, 20 et 27), figurent, enrichies d'une contreteneur dans le manuscrit le plus tardif. Machaut les a-t-il composées plus tard ? On est tenté de le croire quand on observe la qualité de la voix ajoutée et de l'ensemble ainsi constitué. Nous n'avons pourtant aucune certitude, et d'aucuns prétendent qu'elles pourraient n'être pas de Machaut lui-même. La situation est plus confuse en ce qui concerne les 13 ballades à trois voix. Certes, on y trouve confirmée la tendance à une disposition qui se maintiendra comme idéal sonore jusqu'à la fin du xve siècle : une seule voix chantée, le *cantus*, au-dessus d'une voix d'accompagnement sans texte, la teneur, à laquelle s'ajoute cette autre voix de même ambitus, la contreteneur qu'ignorait le siècle précédent. Mais il peut régner une certaine ambiguïté ; un exemple nous est fourni par la ballade n° 18, *De petit po*. Les 5 meilleurs manuscrits présentent l'œuvre dans une disposition à trois voix à l'ancienne, à savoir *triplum, cantus, teneur*, alors que d'autres manuscrits moins fiables proposent cette nouvelle disposition à trois : *cantus, teneur, contreteneur*, et qu'enfin le seul manuscrit de Cambrai propose les quatre voix réunies.

À trois de ses ballades, Machaut a réservé un traitement particulier. La ballade n° 17 est en réalité un ensemble de trois ballades à interpréter en *chace, Sans cuer m'en vois / Amis, dolens / Dame, par vous*, particularité que n'avait pu déceler V. Chichmaref, éditeur en 1909 des *Poésies lyriques* de Machaut. Étonné de la similitude des derniers vers, il signale en note : « Les refrains des n°s IX, X et XI sont identiques. » Il s'agit donc d'une ballade à triple texte en canon. Le second cas est le n° 29 dans lequel trois textes sont encore superposés, mais cette fois sans artifice canonique : *De triste cuer / Quant vrais amans, / Certes, je di*. Quant à la ballade n° 34, nous apprenons par le *Voir dit* que Machaut aurait reçu de son ami Thibaut Paien la ballade *Quant Theseus, Hercules et Jason*, qu'il lui aurait répondu par une autre ballade « par tel rime / Et par tel mètre comme il rime » : *Ne quier* (peux) *veoir la biauté d'Absalon* et qu'il aurait mis le tout en musique, réalisant ainsi une ballade pluritextuelle à quatre voix, deux *cantus, teneur* et *contreteneur*, d'une qualité remarquable. Machaut voit tout le parti qu'il peut tirer à la fois de la diversité des textes qui énumèrent tous les rêves ou les qualités des personnages évoqués et de la résorption de ce double raisonnement dans l'unicité du très beau vers refrain : *Je voy assez, puisque je voy ma dame*.

Ainsi donc, c'est dans le domaine de la ballade, qui s'avère le grand genre profane de la musique polyphonique, que s'exerce l'imagination du compositeur pour l'enrichissement du genre : aucun rondeau et *a fortiori* aucun virelai n'ont été le terrain de telles expériences. La tentative fut sans aucun doute aussitôt appréciée pour que, à sa mort, le poète Eustache Deschamps et le musicien François Andrieu entonnent une sorte de thrène précisément sous la forme d'une ballade à double texte, *Amours, dames, chevalerie / O flour des flours de toute mélodie,* dont la conclusion est le très beau vers refrain, assorti d'un sanglot sous forme de silence après le nom du défunt : « *La mort Machaut, le noble rethouryque.* »

Avec les ballades et les rondeaux de Machaut s'élabore de toute évidence un style nouveau que l'on qualifie souvent de style de la chanson, caractérisé par l'ensemble d'une partie vocale et de deux parties vraisemblablement instrumentales. Ce style, assez logiquement, s'accommode mal du recours à l'isorythmie dont l'emploi était si général. À peine présente dans le lai, elle disparaît – à une exception près (première ballade) – totalement dans les ballades. On constate aussi dans ce répertoire l'usage de plus en plus fréquent de la prolation mineure (division de la *brevis* en 2 semi-brèves) en lieu et place de la prolation majeure (division de la *brevis* en 3 semi-brèves). D'autre part, contrairement au lai dans lequel les mélismes sont l'exception et le syllabisme prédominant, une expression très novatrice voit le jour dans laquelle, à notre grande surprise, le texte poétique semble passer au second plan, malmené qu'il est par une expression mélismatique qui souvent tronçonne les mots en séparant les syllabes. Une idée de développement proprement musical apparaît dans la multiplication de paliers où des motifs se reproduisent sur des degrés différents, comme dans la ballade n° 4, *Biauté qui toutes autres pere* (égale), sur le dernier mot du second vers :

Peut-être peut-on voir dans l'exubérance très nouvelle de l'expression musicale un des germes de ce divorce entre poésie et musique qui suivra de peu la disparition de Machaut.

Le rondeau

C'est la carrure plus modeste de cette forme qui la différencie de la ballade. On y retrouve les mêmes signes de l'évolution, parfois même accentués du fait de l'exiguïté du cadre. En effet, depuis Adam de la Halle, seule la longueur des vers s'est accrue ; le nombre des éléments musicaux reste fixé à 2 selon le schéma inchangé du déroulement : A B a A a b A B (les minuscules indiquant le changement de texte poétique). Sauf le curieux rondeau sizain en vers courts n° 4, *Quant j'ay l'espart* (éclair), les rondeaux sont tous à 2 vers (A + B) ou 3 vers (A = 2 vers + B = 1 vers). Ce qui fait le modernisme de ces œuvrettes de forme close (contrairement au virelai, il n'y a pas possibilité de développement après la reprise), c'est l'ampleur des mélismes et d'autre part la quasi-absence de prolation majeure (5 rondeaux seulement sur 21). Deux rondeaux, le n° 1 et le rondelet du *Remède de Fortune,* adoptent la disposition ancienne avec *triplum / cantus / teneur.* Sept sont à deux voix, dont le très poignant et mélismatique *Sans cuer, dolens de vous départiroy* ; 9 sont à trois voix, donc avec contreteneur, et 2 à quatre voix par le truchement de l'ajout d'un *triplum sine littera* au dispositif moderne. C'est le cas de l'un des plus beaux rondeaux, le n° 10, *Rose, lis, printemps, verdure,* aux généreuses vocalises qui respectent si peu la diction poétique :

Bel - - - - - - - - le _____

Le rondeau n° 18, *Puisqu'en oubli sui de vous, dous amis,* qui dit la tristesse d'une femme (Péronne ?) oubliée par son amant, présente la particularité surprenante d'être écrit dans un registre particulièrement grave : clé de *fa* seconde ou troisième selon les manuscrits. Est-ce une

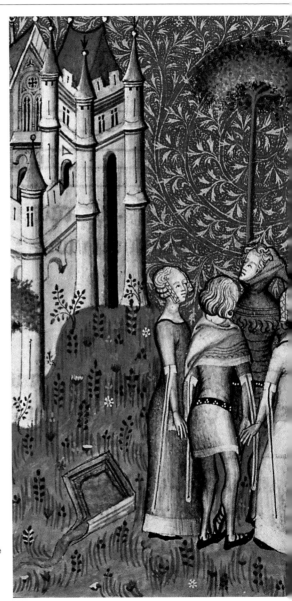

■ *Commant l'amant
chante emprès
de sa Dame* :
« Dame, à vous
sans retollir/Dong
(je donne) cuer,
pensée, desir/Corps
et amour. » Virelai du
Remède de Fortune,
illustré par une carole
dansée à proximité
du château de la
Dame. (Paris, BNF,
ms. fr. 1586, f° 51.)

manière d'évoquer la tristesse ? D'autre part, cas unique dans les rondeaux, une pause générale sépare les deux éléments A et B, sauf dans le manuscrit tardif déjà signalé, qui meuble très musicalement ce silence.

Le plus célèbre est incontestablement le n° 14 dans lequel Machaut se livre à un jeu littéraire – sinon philosophique – et musical. *Ma fin est mon commencement* est un rondeau à trois voix dont tous les éléments ne sont pas écrits. Le sens invite à une lecture rétrograde du seul *cantus noté*, ce que précise la suite du texte : *Mes tiers chans* (comprendre : mon troisième chant) *trois fois seulement se rétrograde*, pour obtenir le *triplum*. Quant à la teneur, elle n'est écrite que pour moitié, à charge pour l'interprète de revenir sur ses pas en rétrogradant. Jeu un peu vain peut-être, qui connaîtra une longue descendance et dont Machaut aura peut-être été l'initiateur.

Le virelai

De caractère voulu plus simple que les pièces précédentes, le virelai, chanson à danser, présente chez Machaut des signes d'évolution qui peut-être sont à l'origine d'une petite querelle d'appellation. Machaut préfère employer le terme de *chanson balladée* (*Einsi doit-elle estre nommée*, dit-il dans le *Remède de Fortune*). Sans doute le terme *vire lay* lui semble-t-il trop proche de son origine et impropre pour un genre qui s'éloigne en effet de la danse pour exprimer des sentiments courtois.

Sur les 33 virelais, 8 sont polyphoniques, dont 1 seul à trois voix. Dans ce domaine encore, Machaut contribue à la fixation de la forme. Comme dans la ballade, les dimensions peuvent varier, mais le schéma d'ensemble reste le même : débutant par le refrain, le virelai compte 3 strophes après lesquelles on reprend le refrain ; quant à la strophe, elle est de coupe rigoureuse en deux sections principales : la première subdivisée en deux parties égales sur texte différent, la seconde d'un même nombre de vers que le refrain, soit le schéma suivant :

A	b b' a'	A	2e strophe, etc.
refrain	strophe	refrain	

Contrairement au rondeau, il s'agit d'une forme ouverte, puisque de nouveaux développements suivent le retour du refrain. De ce fait, le texte littéraire peut être d'une certaine longueur, jusqu'à plus de 50 vers, souvent assez courts, sans compter les redites du refrain, contrairement au rondeau, dont le total est en général de 8 ou 13 vers.

Comme dans la ballade, on peut trouver dans le virelai des reprises internes : ainsi le refrain comporte dans 11 de ces virelais une reprise avec ouvert et clos, comme dans le n° 17 :

	Dame, vostre doulz viaire	
	Debonnaire	
Refrain	Et vo saige maintien coy	ouvert
A	Me font vo service faire,	
	Sans meffaire	
	De fin cuer, en bonne foy.	clos

Le théoricien Egidius de Murino les dit alors doubles. Les 22 autres sont donc appelés simples, ce qui est une appellation trompeuse, car, comportant moins de répétitions que les virelais doubles, ils représentent une forme élaborée et plus riche mélodiquement. Il est à noter que les 8 virelais polyphoniques sont tous des virelais simples.

Le fait que les virelais se trouvent tous groupés en dernière position ne signifie nullement qu'il s'agisse d'œuvres plus tardives ou d'un retour à la monodie. Le caractère simple et aisé des lignes mélodiques au syllabisme assez strict et aux mélismes rares, aussi bien dans les pièces anciennes à une voix que dans celles, sans doute plus tardives, à deux voix, montre à l'évidence que si Machaut sait, comme nous le verrons dans les motets, se montrer un maître dans la combinatoire, il reste un mélodiste de la plus grande qualité.

Le motet

Le motet s'étant imposé de façon hégémonique durant le XIIIe siècle, il aurait été bien surprenant que Machaut n'ait pas exploité cet héritage. Il ne nous a laissé pourtant que

23 motets, à vrai dire moins brefs que bien des motets du siècle précédent. On pense généralement que, au fur et à mesure que s'avance le siècle, l'intérêt pour le motet pluritextuel commence à décroître. Aussi estime-t-on que l'ensemble des motets a été composé avant 1356.

Pourtant, en regard de la production antérieure, le motet de Machaut dénote un renouveau. Bien sûr, les innovations mensuralistes décrites par Vitry y sont exploitées (même si le compositeur n'indique quasiment jamais les indications rythmiques proposées dans le traité *Ars nova*), ainsi que les pratiques novatrices comme l'extension de l'isorythmie aux voix supérieures, l'organisation subtile entre *color* et *talea*, la reprise en diminution *(color per dimidium)* pour clore le motet avec éclat ou encore l'usage d'un *introitus*. Mais ce qui retient le plus l'attention, c'est une plus grande recherche de cohérence qui se traduit par l'unicité de chaque texte (on ne trouve plus guère d'emprunts ni de refrains) et une allégeance plus marquée des voix supérieures à une teneur plus signifiante, même quand elle ne s'exprime que par un seul mot (motet n° 4, *Speravi*, J'ai espéré), et souvent plus développée (motet n° 14, *Quia amore langueo*, Parce que je me languis d'amour). Il s'ensuit une impression d'œuvre plus ramassée, plus construite, même si l'organisation isorythmique quasi générale de la teneur accentue le caractère intellectuel et rend la perception plus difficile de ce *cantus firmus* qui est, sur le plan musical et sémantique, le fondement du motet.

La formation générale est celle du motet triple pour *triplum / motetus / teneur*. Dix-neuf sont dans ce cas. Les 4 autres sont pourvus d'une contreteneur, toujours sans texte et pour lesquels il serait souhaitable d'éviter l'appellation de *quadruples* pour ne pas provoquer de confusion avec les motets à trois textes en plus de la teneur comme ceux du deuxième fascicule du manuscrit de Montpellier par exemple. La terminologie la plus adéquate devrait être *motets triples à quatre voix*.

Dans ce genre devenu au XIIIe siècle presque exclusivement profane et exprimé en langue vernaculaire, on

constate avec quelque surprise la résurgence du latin et
du sentiment religieux dans 6 des motets, dont 5 sont
groupés en fin de la série dans tous les manuscrits.

Parmi les 17 motets profanes, 2 sont construits à partir d'une chanson proche du virelai, le n° 11, dont seul
l'incipit est indiqué : *Fins cuers doulz*, le n° 16, et 1 sur
un rondeau, le n° 20. Cette manière de faire présente la
particularité d'exclure l'isorythmie. Est-ce simple habitude héritée du XIIIᵉ siècle dont nous connaissons quelques motets ainsi conçus où la teneur garde son intégrité originelle ? Tel était le cas dans le n° 256 du
manuscrit de Montpellier *Entre Copin et Bourgeois / Je me
cuidoie tenir / Bele Ysabelot m'a mort*. Il est certain que la
superposition des voix dans le n° 16, toutes trois cen-
sées – même en clé de *fa* ! – être mises dans la bouche
d'une femme, ne manque pas de charme : quand la
teneur déroule avec lenteur et étonnement une manière
de complainte pourvue de textes de bout en bout, *Pour
quoy me bat mes maris ?* (mon mari), les deux autres évoquent une aventure extraconjugale assez explicite : le
duplum donne tort au mari puisque l'intention était
pure, *Se j'aim mon loyal ami... San nul vilain pensement*,
le *triplum* déclare tout net l'impossibilité de faire autrement : *Lasse ! comment oublieray / Le bel... / A qui entièrement donnay / Le cuer de mi.*

Peut-être peut-on considérer aussi comme une sorte
de fidélité au passé le fait que les nᵒˢ 12 et 17, au-dessus
d'une teneur liturgique mêlent latin (pour le *duplum*) et
français (pour le *triplum*). Pourtant, le n° 17 fait apparaître un usage nouveau : chaque cinquième vers du *triplum*, presque à découvert, est traité comme un refrain
musical parfaitement reconnaissable et déterminant une
structure strophique, mais avec des paroles à chaque
fois différentes. Voici le premier de ces refrains :

Tous les autres motets sont, à un niveau plus ou moins
prononcé, isorythmiques (les nᵒˢ 13 et 15 le sont totale-

ment), mais le n° 5, triple à quatre voix, est enrichi d'une contreteneur qui n'est autre que la version rythmique rétrograde de la teneur, *talea* par *talea*. Cela constitue certes un cas extrême. À l'inverse, dans les deux premiers motets, le total des notes du *color* est divisible par un nombre exact de *taleae* ; et dans le n° 4, le *color* représente une fois et demie la *talea*, ce qui exige, pour une fin simultanée, l'énoncé de deux *colores* sur trois *taleae*. La situation est plus complexe dans le très beau motet n° 8 *Qui ès promesses / Ha, Fortune / Et non est qui adjuvet*. La teneur, empruntée au répons de la Passion *Circumdederunt me*, retient les seuls mots *Et non est qui adjuvet* (Et il n'y a personne pour venir en aide), soit les 16 notes que voici :

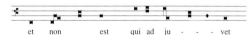

tandis que la *talea* n'en propose que 12, le *color* se poursuit donc sur un nouveau début de *talea* dont voici le schéma rythmique :

Il faudra donc que la *talea* soit répétée quatre fois pour épuiser trois *colores*. Ce jeu spéculatif qui n'est pas sans déstabiliser quelque peu l'auditeur moderne est encore souligné par un motif descendant très perceptible du *triplum* qui annonce la nouvelle *talea*. Faut-il voir dans ce déhanchement de la structure un souci du compositeur d'évoquer les aléas de Fortune ? Peut-être, mais il est sûr que ces articulations musicales complexes font passer la poésie au second plan. Ce serait peut-être là l'une des raisons qui vont provoquer une désaffection à l'endroit du motet, genre bicéphale dont la double exigence poétique et musicale s'avérera trop difficile à satisfaire.

Au-delà du dix-huitième motet, seul le n° 20 est profane, et même intégralement profane puisque la teneur présente, sans aucune transformation de rythme, le texte français et la musique du rondeau : *Je ne sui mie certeins d'avoir amie* (A) *Mais je suis loyaus amis* (B), que commentent un *duplum Biauté parée de valour*, et un *triplum Trop plus est bele*, tous deux écrits à l'ancienne, en valeurs ternaires et sans aucun recours à l'isorythmie. Clin d'œil final assez plaisant, ces deux voix se terminent par le même mot *Amen* qui rappelle le mot *Amis* par lequel se clôt le rondeau-teneur.

Pourquoi tous les motets religieux se trouvent-ils placés en fin de section ? Nous l'ignorons, mais ce groupement ne peut être fortuit puisque Machaut a présidé à l'établissement de certains manuscrits. Seul est isolé le n° 9, *Fons totius superbie / O livoris feritas / Fera pessima*, qui, sans être à proprement parler religieux, se rapproche du sanctuaire en ce sens qu'il s'en prend au malin, Lucifer, l'Ange des ténèbres. Au-dessus d'une teneur (empruntée au répons *Videns Jacob*) qui le traite de « bête immonde », une deuxième voix, le *duplum*, reproche à Lucifer de se « vautrer dans la bassesse » et espère pour lui, de la part du Fils de Dieu, la récompense qu'il mérite, tandis que la troisième voix, le *triplum*, le prend à partie – « source de tout orgueil et de malignité » – et décrit ses forfaits avant de prier la Vierge Marie de nous en délivrer. Comme les cinq autres motets, ce n° 9 adopte la structure du motet isorythmique.

Le motet n° 18, *Bone pastor, Guillerme / Bone pastor / Bone pastor*, sans doute composé en 1324, à l'occasion de l'installation de Guillaume de Trie comme archevêque de Reims, et le motet n° 19, *Martyrum gemma / Diligenter inquiramus / A Christo honoratus*, en l'honneur de saint Quentin, peut-être de 1335, appartiennent à la même esthétique que le motet n° 9.

Trois motets triples à quatre voix

Nous avons déjà signalé qu'il n'existe pas au XIVe siècle de motet quadruple au sens propre, c'est-à-dire une pièce où s'étageraient trois voix avec texte littéraire spécifique au-dessus de la teneur. Il est d'ailleurs assez surprenant que le XIVe siècle, époque si éprise de complexités, n'ait pas exploité celle-là. Mais c'est un fait. Au-dessus de la

teneur latine en valeurs longues se superposent certes un *duplum* (ou *motetus*) et un *triplum* en valeurs plus brèves comme dans les pièces précédentes, mais de plus, chez Machaut comme chez Vitry, on trouve ajoutée (et ce sera longtemps jusque très avant dans le XVᵉ siècle le sort de cette voix que l'on considérera comme aléatoire) une autre ligne musicale exprimée en valeurs de durée comparables à celles de la teneur, écrite dans le même registre qu'elle, le contraténor. Inventée et non empruntée, elle n'a ni le rôle structurel de la teneur ni sa signification, fût-elle symbolique, et se présente un peu comme un complément harmonique. Quoi qu'il en soit, l'édifice sonore s'en trouve sensiblement modifié, les quatre voix se répartissant de fait en 2 x 2, deux voix plus aiguës, de caractère véloce, et deux voix plus graves constituant une assise plus consistante.

Ces trois derniers motets appartiennent à l'ultime période de production de Machaut dans ce domaine : on les situe – faute de possibilité de plus de précision – après 1356. Le n° 22, *Tu qui gregem/Plange, regni, respublica/Apprehende arma/*Contraténor, le plus bref, semble être un motet de circonstance sans que l'on puisse préci-

ser de laquelle il s'agit. Un *introït* fait entendre successivement les deux voix supérieures : le *motetus*, en premier lieu, tient des propos peu amènes (ce qui n'est pas sans rappeler le *Roman de Fauvel*) sur le triste état de la société et appelle à la lamentation (*Plange… Pars ejus est iniqua et altera sophistica reputatur*, Lamente-toi… Une partie du peuple passe pour ne pas se soucier du droit et l'autre est raisonneuse), puis le *triplum* s'adresse personnellement à un dignitaire ecclésiastique (*Tu qui gregem tuum ducis*, Toi qui conduis ton troupeau), l'engage par la suite, en 5 strophes de 4 vers chacune, à bien rester fidèle à sa mission de « guide des chefs » *(qui ducum ductor es)* en écrasant les séducteurs *(contere seductores)* et en conduisant les fidèles à la paix *(Ut ad pacem nos perducas)*. Après 8 perfections (c'est-à-dire après 8 × 3 mesures à $\frac{6}{8}$) entrent simultanément un contraténor, bien sûr sans texte, et un ténor dont l'incipit de signification martiale (*Apprehende arma et scutum et exurge*, Prends tes armes et ton bouclier et lève-toi !) n'a pu jusqu'ici être identifié, mais dont la relation sémantique avec les voix supérieures est on ne peut plus évidente. Ces deux voix inférieures suivent un programme isorythmique un peu

■ Début du Jugement « du bon Roy de behaingne [Bohême] ». (Paris, BNF, ms. fr. 22545, f° 9v°.)

original : la mélodie empruntée comme *cantus firmus* – le *color* – s'étend sur la durée de 16 longues, tandis que le cadre rythmique choisi – la *talea* – se limite à la durée de 12 longues ; le rythme se reproduit donc avant l'épuisement mélodique du *color* qui, de ce fait, devra être repris à l'intérieur de la *talea* suivante et être modifié dans sa présentation rythmique : c'est le procédé appelé *dragma*. Voici le premier énoncé du *cantus firmus* :

Et voici le second :

La troisième *talea* se terminant en même temps que le second *color*, la quatrième *talea* et le troisième *color* (qui, ne s'étendant que sur la durée de 8 longues, sera incomplet) constituent de ce point de vue un da capo partiel.

Le motet n° 21, *Christe qui lux es / Veni creator spiritus / Tribulatio proxima est* / Contraténor, est avec le motet n° 23, *Felix Virgo*, l'un des plus développés et des plus somptueux de Machaut. Il débute par un introït apparemment instrumental qui sert de prélude. Entrent successivement le *triplum*, puis le *motetus* et enfin, pour clore cet avant-propos, simultanément ténor et contraténor en manière de double pédale. Commence alors vraiment ce motet de dévotion dans lequel se superposent deux paires de voix :

1) une teneur au sens assez pessimiste, empruntée au verset d'un répons du dimanche de la Passion, *Circumdederunt me*, sur les paroles : *Tribulatio proxima est et non est qui adjuvet* (Le malheur est tout proche et il n'y a personne pour venir en aide), accompagnée d'une contreteneur de même caractère et de même ambitus, sans doute instrumentale puisqu'elle est dépourvue de texte (*sine littera*) ;

2) un *duplum* (ou *motetus*) et un *triplum*, plus volubiles, qui, tous deux commentent le texte de la teneur,

adressent une double prière à Dieu : d'une part, une supplique, à l'Esprit Créateur, de venir en aide à un peuple aux prises avec des ennemis tant extérieurs (*gens misera*) qu'intérieurs (*divisio, cupiditas fideliumque raritas*) ; d'autre part, une demande d'aide au Christ, lumière des fidèles, pour les protéger de la mort des traîtres, avec référence biblique à Daniel, aux enfants de la fournaise et à Abacuc.

Sur le plan littéraire, le *triplum* présente une série de 12 strophes de 3 vers de même type, groupées par paires de 2 rimes, chacune comportant 2 octosyllabes à rime plate et 1 vers de 4 syllabes. Chaque strophe impaire reprend pour ses rimes plates la rime finale du vers de 4 syllabes précédent, ce qui donne donc le schéma suivant : AAB AAB BBC BBC CCD... Quant au *motetus*, c'est une série de distiques d'octosyllabes à rimes plates.

L'organisation isorythmique, sans complexité excessive, n'affecte que les voix graves et recourt à un procédé fréquemment employé dans les motets d'une certaine ampleur, surtout quand le *color* – c'est le cas ici – est assez long : il s'étend, en valeurs longues, sur 4 *taleae*, puis immédiatement est repris en valeurs diminuées de moitié *(color per medium)* sans que les valeurs des voix supérieures en soient affectées. Celles-ci, sans être isorythmiques, ne sont pas sans quelque ressemblance entre elles : au milieu de chaque *talea*, on retrouve le même effet de *truncatio vocis* (brisure de voix), communément appelée hoquet, pour alléger la polyphonie en l'ajourant. L'accélération rythmique des voix inférieures a pour effet d'une part de rendre plus sensible, plus présent, le chant liturgique emprunté (qui – ne l'oublions pas – était un texte connu de mémoire par les interprètes et les auditeurs), d'autre part d'animer la fin du motet dont la vitalité polyphonique est ainsi plus accusée.

On serait légitimement en droit de s'interroger sur les relations entre le texte poétique et la musique, d'autant plus que Machaut est lui-même l'auteur des poèmes. Le seul fait que des textes différents soient destinés à être entendus simultanément étonne déjà notre sensibilité d'auditeurs. Mais, même si, dans le motet isorythmique, nous constatons, de-ci de-là, des plages de silence de l'une ou l'autre des deux voix organales où nous croyons déceler de la part du musicien l'intention de laisser apparaître à découvert, en pleine clarté, un mot plus important (*Veni,* mes. 48 et 78 ; *nobis,* mes. 106 ; *nexu mortis,* mes. 142), notre perplexité reste grande de constater l'absence apparente de structure commune entre poésie et musique. C'est dans le cours de la neuvième strophe du *triplum (Qui malos a te segregas)* et du huitième distique *(conversi sunt in predones)*, au cours d'un vers et même au cours d'un mot que se situe le passage au *color per medium*, par exemple. Une satisfaction toutefois pour un esprit du XXe siècle, mais sûrement fortuite car elle est rare dans de telles œuvres, les retrouvailles finales des deux voix supérieures sur la même idée :

> triplum : *Et dimittas nos in pace.*
> motetus : *Et da nobis tuam pacem.*

Le motet n° 23, *Felix Virgo / Inviolata Genitrix / Ad te suspiramus /* Contraténor, rappelle fort dans son économie d'ensemble le motet dont nous venons de parler. Un long *introitus* de voix aiguës, mais celui-ci *cum littera* (avec texte), se terminant par une double pédale des deux voix graves, précède le début véritable du motet à quatre. *Felix Virgo*, dit le *triplum* : Heureuse Vierge, mère du Christ, qui, par ta naissance, a apporté la joie au monde rempli de tristesse ; *Inviolata Genitrix*, ajoute le *motetus* après cinq perfections : Mère inviolée, qui pour notre bonheur as vaincu l'orgueil, toi, hors de pair, qui donnes accès à la cour céleste. À ce moment entrent la contreteneur, *sine littera*, et la teneur qui n'est autre que la quatrième incise littéraire et musicale et le début de la cinquième de l'antienne solennelle à la Vierge, *Salve, Regina*, en *protus* authente. Le moindre initié reconnaît aisément, à de menues différences près, les versets :

4. *Ad te suspiramus, gementes et flentes in hac lacrimarum valle.*

5. *Eia ergo, advocata nostra.*

GUILLAUME
DE MACHAUT

Ad te su - spi - rá - mus, ge - mén - tes et flén - tes

in hac lacrimárum válle. E - ia er - go, Ad - vo - cá - ta nostra,

Ce *color* assez long n'est énoncé, comme dans le motet précédent, que deux fois, la seconde fois *per medium*, chaque *color* étant découpé en trois *taleae*. Raffinements supplémentaires toutefois, du domaine de l'intellect plus que de la sensibilité, inattendus dans ce motet marial où l'expression semble devoir être primordiale :

1) un artifice graphique – les notes rouges – employé pour faire comprendre au lecteur que les notes ainsi écrites sont imparfaites et valent 2, alors que les mêmes

■ Motet *Felix virgo*. Alors que *triplum* et *duplum* sont notés en colonnes, le ténor et le contraténor occupent toute la largeur du folio. À remarquer le souci du scribe d'occuper tout l'espace en répétant la finale *or* sous les portées… même quand il n'y a plus de notes ! (Paris, BNF, ms. fr. 22546.)

notes noires valent normalement 3 ; et pour être sûr d'être bien compris, le scribe, sous la portée, mentionne clairement : *Nigre sunt perfecte et rubee imperfecte* (les noires sont parfaites et les rouges imparfaites). Dans la transcription, il a fallu différencier les symboles et user de graphies inhabituelles comme ⊙·· qui représente la durée ⌢, soit trois blanches pointées, alors que ⊙· n'en vaut que deux ;

2) un chiasme rythmique par demi-*talea* entre teneur et contreteneur, souligné précisément par la couleur des notes :

Autrement dit, la première partie de la contreteneur est rythmiquement identique à la seconde partie de la teneur et inversement, et cela se poursuit dans l'ensemble du motet ;

3) dans les deuxième et troisième *taleae* du *color per medium*, l'isorythmie s'étend à toutes les voix, ce qui donne à ce motet une conclusion panisorythmique très inhabituelle chez Machaut.

On mesure, dans une telle œuvre, le chemin parcouru par cette étrange forme qu'est le motet et l'avenir qui lui est promis. Sans oublier que, sur les 23 motets de Machaut qui nous sont parvenus, 17 sont encore indéniablement profanes, aimables divertissements, à peu d'exception près en langue vernaculaire, les 7 autres semblent bien prendre des voies fort nouvelles : soit celle du motet de circonstance que pratiquera l'époque de Dufay avec le motet de cérémonie, soit – à plus longue échéance – le motet de dévotion qui sera le terme de l'évolution. Constatons enfin que ce motet *Felix Virgo* inaugure fort longtemps à l'avance la piété mariale qui se développera avec tant de ferveur au siècle suivant.

La *Messe Nostre-Dame*

Depuis le XVIIIe siècle, à la suite du comte de Caylus, on pensait que ce cycle de pièces de l'*ordinarium missae* avait pu être composé ou du moins exécuté à l'occasion du sacre de Charles V, en 1364. En pleine effervescence romantique (1849), Prosper Tarbé en fait une certitude, trop heureux – par un de ces raccourcis dont l'époque est friande – de donner un contenu émotionnel à cette étonnante partition et de fournir des possibilités de reconstitution historique. En 1955, Armand Machabey

■ Conversation courtoise entre l'amant et sa dame, annonçant le *lay de plour* : « Qui bien aime a tart oublie. » (Paris, BNF, ms. fr. 1586, f° 187.)

exclut définitivement cette fragile hypothèse en se fondant sur deux arguments fort convaincants : 1) « Machaut, qui a assisté au sacre de Charles V et qui en a parlé, ne fait pas la moindre allusion à la *Messe* » ; 2) « Nous savons par le *Cérémonial* que tous les épisodes du sacre étaient réglés selon une stricte tradition : y a-t-on dérogé pour chanter une messe nouvelle, non grégorienne ? C'est peu probable. » Les travaux musicologiques les plus récents ne peuvent que fixer comme *terminus a quo* l'année 1349 à partir de laquelle Machaut quitte la maison de Luxembourg et comme *terminus ad quem* l'année 1365 durant laquelle il achève la rédaction du *Voir dit*. Quant à la destination de l'œuvre – sur laquelle on pourrait se fonder pour en guider l'interprétation (nombre de chanteurs par ligne musicale, présence ou absence d'instruments, caractère intimiste ou férial) –, elle reste obstinément hypothétique : si l'on retient l'observation de Machabey selon laquelle Machaut avait, avec son frère Jean (†1374), chanoine comme lui à Reims, « fondé » une Messe de la Vierge, il se pourrait qu'elle ait été composée pour être exécutée *post mortem* à la mémoire des deux frères qui tous deux furent inhumés dans la cathédrale, près de l'autel de la « Rouelle ». Il s'ensuit que le caractère intimiste devrait être privilégié.

Quoi qu'il en soit, cette messe est un événement. On a coutume d'écrire que c'est la première fois qu'un tel ensemble est conçu comme un tout par un seul et même compositeur. En effet, même si l'on admet les actuelles réserves de quelques musicologues concernant notamment le premier *Kyrie* qui, contrairement à toutes les autres sections, n'utilise pas de valeurs inférieures à la *semibrevis* ♦ (en double réduction ♩) en ligature ou isolée, la cohérence est indéniable et les précédents que l'on cite toujours, les messes de Tournai, de Toulouse, de Barcelone, n'ont que le mérite – dans les meilleurs cas – de présenter les mêmes prières dans le même ordre. Rien de tel chez Machaut. Non que cette messe soit unitaire : la recherche de procédés pour accentuer l'unité sera le fait du XVe siècle. Les liens tissés entre les sections sont dus d'une part à une étonnante homogénéité dans le langage, d'autre part à mille et un détails rythmiques ou mélodiques, à la fois semblables et différents, dont le compositeur a pris soin de parsemer toute l'œuvre ; parmi ceux-ci, il faut citer l'un des plus apparents, un motif descendant de quatre notes brèves, déjà signalé dans la messe de Toulouse, aboutissant le plus souvent à un bref repos mélodique :

On le retrouve identique dans maints passages parmi lesquels nous citerons les premières mesures du *motetus* et du *triplum* de l'*Agnus Dei II*, vu l'importance accrue qui leur est donnée par le relais dont il bénéficie dans l'autre voix :

et aussi, à un emplacement privilégié, particulièrement perceptible, le début du premier *Osanna* du *Sanctus* :

On peut constater ici que la seconde mesure présente ce même motif transformé mélodiquement comme dans la mesure initiale de la voix de *motetus* de l'exemple précédent. Et bien d'autres mutations de ce type se présentent dans la messe qui n'altèrent en rien la similitude de perception, mais bien au contraire accentuent la cohésion entre les différentes sections. Doublé de proportions et quelque peu aménagé rythmiquement, le voici de nouveau, après deux emplois déjà, dès la mesure 11 de l'*Ite, missa est*, à titre sans doute de péroraison solen-

nelle, complété encore par le motif dans sa forme des-
cendante à la voix de *motetus* :

Nul doute que Machaut ait compté sur ces détails de
langage, conscient qu'il était déjà probablement de l'intérêt – que l'avenir confirmera – de rapprocher esthétiquement les pièces de l'*ordinarium missae*.

À vrai dire, il n'était pas évident *a priori* que des sections musicales non destinées à s'enchaîner – fût-ce au
prix d'une petite pause comme entre les mouvements
d'une sonate ou d'un concerto –, mais à s'intégrer au
déroulement de la liturgie de la messe, dussent compor-
ter de réels éléments de similitude : il faudra attendre
Dufay pour qu'un matériau thématique commun soit
conçu comme lien organique entre les sections. L'habitude était bien ancrée de considérer la polyphonie
comme l'épanouissement spatial d'une pièce préexistante ; il était donc logique que chaque pièce prenne
appui sur les pièces monodiques correspondantes ; le
Kyrie de Machaut est composé à partir d'un *Kyrie* qui lui
sert de *cantus firmus* en notes longues et il en est de
même pour le *Sanctus*, l'*Agnus Dei* et l'*Ite, missa est*. Et du
fait qu'il n'existe aucun lien, ni thématique ni tonal entre
les 18 ensembles factices appelés les messes grégo-
riennes, on ne pouvait donc s'attendre à un réel souci
d'unité mélodique entre ces quatre sections. L'unité, du
reste, était peu perceptible du fait que, énoncé en cellules
rythmiques identiques (isorythmiques) à base de notes
de durée sensiblement augmentée, le matériau emprunté
est peu reconnaissable par un auditeur non averti.

Les deux autres sections appartenant à l'*ordinarium
missae* que sont le *Gloria* et le *Credo*, du fait qu'elles ont
à proclamer un texte beaucoup plus long et de moindre
intérêt musical, souvent simple récitation, ne recourent

à aucun autre emprunt et sont donc à rapprocher de la facture du *conductus* polyphonique. Toutes les voix disent en même temps les mêmes syllabes, et cette homorythmie présente un contraste très marqué avec le reste de la messe. Cette manière de faire n'était d'ailleurs pas nouvelle puisque, entre autres exemples, les *Gloria* et *Credo* de la messe de Tournai présentaient déjà les mêmes caractères.

Particularité plus remarquable pour l'époque et qui anticipe largement sur la pratique ultérieure : les quatre voix – même la contreteneur – sont dotées de paroles, et qui plus est, assez strictement disposées sous les notes dans tous les manuscrits.

Kyrie

Cette pièce initiale d'invocation comportait traditionnellement un trois fois triple appel : Seigneur, aie pitié (trois fois), Christ, aie pitié (trois fois), Seigneur, aie pitié (trois fois). L'habitude avait le plus souvent prévalu de répéter trois fois chacune des deux premières invocations, deux fois la troisième et de terminer par une invocation amplifiée. C'est le cas pour le *Kyrie cunctipotens genitor Deus* de la messe grégorienne n° IV que voici :

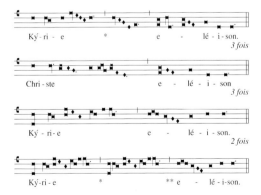

Conformément à ce modèle, le *Kyrie* de Machaut ne compte que 4 volets pour les 9 invocations. Faut-il en déduire (la même question se posera pour presque toutes les messes polyphoniques) que chacun des deux premiers doive être répété trois fois ? C'est possible, mais la lourdeur d'une telle démarche ne recueille pas les suffrages de tous les interprètes qui, parfois, se contentent du grégorien pour les répétitions, sans se soucier d'une opposition peut-être trop brutale d'une part entre une polyphonie passablement luxuriante et le dépouillement de la monodie, d'autre part entre l'expression libre du grégorien et le caractère contraignant de la rythmique dite proportionnelle. L'auditeur pourra constater que les options sont parfois fort diverses !

Comme nous l'avons vu plus haut, un traitement rythmique est appliqué au chant emprunté qui devient le *cantus firmus* chanté par le ténor. Chose surprenante pour notre sensibilité actuelle qui requerrait plus de logique, les incises musicales du chant grégorien ne sont pas respectées : imperturbablement le *color* se déroule en séries de 7 *taleae* (faut-il y voir un symbole ?) fort brèves, chacune de la durée de trois longues et séparée de la suivante par une pause de longa :

Écrite somme toute en troisième mode rythmique si l'on se réfère à la notation modale, la teneur se présente donc ici comme une série de séquences très simples où le noyau de l'aménagement rythmique est la cellule iambique de chaque deuxième mesure :

La voix de contraténor qui, elle, n'est pas empruntée, obéit aussi à un cadre rigide et présente une ligne comportant deux *taleae* mais aucune répétition mélodique. Quant aux deux voix supérieures, totalement originales, elles ne sont pas intégralement isorythmiques mais comportent momentanément des reprises de formules rythmiques.

Gloria. Credo

Comme nous l'avons dit plus haut, tous deux appartiennent à la même esthétique, celle du *conductus* polyphonique. Ici, les quatre voix ne se distinguent esthétiquement en rien. L'homorythmie règne en maître. Le débit, à quelques monnayages près, est quasi syllabique et les notes brèves à l'exclusion de quelques mots plus importants comme *Jesu Christe*, par deux fois dans le *Gloria*, et le très beau passage recueilli sur les mots *ex Maria virgine*, dans le verset central du *Credo, Qui propter nos homines*.

À noter, dans les deux pièces, de brefs passages *sine littera* (sans texte), aux seules voix de ténor et de contraténor et que l'on croit devoir considérer comme de petits conduits instrumentaux. Ils semblent destinés à grouper les versets. On en trouve 4 dans le *Gloria* et 6 dans le *Credo*.

Ces deux longues sections à la progression syllabique rigoureuse se terminent toutes deux par un *Amen* développé où l'on croit retrouver le style du motet, bien que l'on n'ait pas jusqu'ici identifié de mélisme emprunté. À l'écoute, ces deux *Amen* présentent quelques similitudes (caractère mélismatique, passages syncopés avec échange entre les voix). Celui du *Gloria* ne recourt à aucun procédé sophistiqué et se contente de souligner d'un beau motif de fanfare quelque peu heurté le caractère festif de cette conclusion :

Mais celui du *Credo* obéit à un programme isorythmique d'une complexité que Machaut recherche tout compte fait assez rarement malgré la réputation qui lui est faite. Il se découpe en trois *taleae* dont la seconde moitié, du moins pour ténor et contraténor, reproduit rythmiquement la première de l'autre voix et inversement, constituant par là un chiasme de la plus extrême rigueur (cf. encadré page suivante).

■ *Amen du Credo.* La disposition face à face (un verso et un recto) des quatre voix fait apparaître en pleine lumière la répartition des voix en deux blocs : l'un, plus aigu (*duplum* et *triplum*), exprimé en valeurs plus brèves et donc exigeant plus de place ; l'autre, plus grave, en valeurs plus longues écrites en ligatures. (Paris, BNF, ms. fr. 1584, f° 446v° et 447r°.)

PROGRAMME RYTHMIQUE
DE L'AMEN DU CREDO (1re TALEA)

La talea du ténor (T) se structure en deux demi-taleae ryhmiquement différentes. Ces deux éléments sont utilisés, mais inversés en chiasme autour de la note pivot pour constituer la talea de la contreteneur (Ct).

En observant avec attention, on pourra remarquer d'autres chiasmes de moindre ampleur entre les voix de motetus (Mot.) et de triplum (Tr) aux cinquième et neuvième mesures, et même des éléments rythmiques rétrogrades entre ces deux voix.

N. B. Les crochets horizontaux indiquent les groupements de notes écrites en ligatures.

Tous ces raffinements rythmiques ne nuisent en rien à la qualité de l'œuvre, mais bien au contraire lui ajoutent ce surcroît d'intérêt pour l'intellect dont le XIVe siècle, bien avant J.-S. Bach, s'est montré friand.

Sanctus, Agnus, Ite.

Bien qu'il soit anachronique de parler de tonalité, on peut constater que *Kyrie, Gloria* et *Credo* étaient traités en mode de *ré*. Or, à partir du *Sanctus*, Machaut fait gravir à l'édifice sonore une montée d'une tierce mineure du plus bel effet où l'on peut voir sans doute le symbole de la montée vers le ciel de l'âme du croyant au moment de la messe où son Dieu va se manifester sur l'autel. À cette fin, Machaut utilise comme *cantus firmus*, au ténor, des mélodies en *tritus* authente (mode de *fa*), comme le *Sanctus*, de la messe grégorienne n° XVII :

On retrouve ici le style du motet parfaitement isorythmique. Toutefois, à la différence du *Kyrie*, le compositeur désarticule si peu le chant emprunté que, avec un peu d'attention et pour peu que l'interprétation ne soit pas trop fantaisiste, l'auditeur peut le percevoir comme la base *(sic)* de la composition, le chant solide *(cantus firmus)* qu'embellit la polyphonie. Les cinq sections traditionnelles du *Sanctus (Sanctus, Pleni sunt, Osanna, Benedictus, Osanna)* prennent appui sur le texte cité organisé en 10 *taleae*, mais en laissant en dehors les trois invocations liminaires qui constituent une manière d'introduction libre. L'isorythmie ne commence que sur le mot *Dominus*. Bien que le texte du plain-chant répète la même phrase pour les deux *Osanna* (pratique qui sera celle de beaucoup de compositeurs dans l'avenir), Machaut traite différemment les deux *Osanna* tout en ménageant entre le premier et le deuxième de subtiles relations par la présentation différenciée – *discordia concors* – du même *cantus firmus*.

L'*Agnus Dei* est esthétiquement très lié au *Sanctus*. Comme lui, il est fondé sur un *cantus firmus* en *tritus* authente qui se trouve être – mais cela est fortuit – l'*Agnus Dei* de la messe n° XVII et le compositeur prend aussi peu de libertés avec le *cantus firmus* que dans le *Sanctus*. Malgré l'isorythmie du ténor et du contraténor, et tous les calculs que suppose une telle pratique, Machaut parvient à une expression limpide, sereine et d'un naturel confondant. Rappelons encore la présence du motif-signal de quatre notes à l'articulation entre premier et second *Agnus* comme Machaut avait pris soin de l'intégrer au début du premier *Osanna*. Le troisième *Agnus* ne fait que reprendre le premier en substituant à *miserere nobis* le traditionnel *dona nobis pacem*.

La messe se termine par un *Ite, missa est* en écriture de motet isorythmique, encore en *tritus* authente, curieusement construit à partir de la mélodie du *Sanctus* de la messe VIII... que l'on croit d'une époque plus récente. S'agit-il dans cette messe grégorienne d'un réemploi d'une mélodie qui, au temps de Machaut, existait en qualité d'*Ite, missa est*? Ce n'est pas impossible. Ce *cantus firmus* est aussi perceptible que dans le *Sanctus* et l'*Agnus*. Les valeurs peu étirées en durée et régulières dans leur démarche traduisent un respect certain pour le texte sacré. C'est dans les voix supérieures que Machaut, dont le souci de recherche d'unité est flagrant, s'efforce de parfaire son œuvre par de nombreux rappels du petit motif de quatre notes dans sa forme initiale descente ou transformée, et même l'amplifiant jusqu'à 8 notes à la onzième mesure du *triplum*.

Le hoquet David

Cette curieuse œuvre, qui ne figure que dans un seul manuscrit et dont la célébrité est due à l'étrangeté, doit sans doute être rattachée à la production de musique religieuse de Machaut. C'est une manière de motet triple – c'est-à-dire à trois voix – mais dépourvu de ce qui fait

UN OUBLI INSTRUCTIF

Ce recto d'un folio du manuscrit présente la fin de la ballade simple à 2 voix, *Dame, comment qu'amez* et le début du lay *Loyauté que point ne delay.* Dans la colonne de gauche se trouve la fin des sections A et A' (donc 2 textes) du *cantus* (fin de la seconde portée : « ouvert » sur la dernière syllabe de gre*ver*, et « clos » sur la finale de *amer*) ; vient ensuite la fin de la strophe, le vers refrain débutant sur la dernière note de la quatrième portée, après deux figures de pause.

La voix de ténor (lettrine en bleu et E en majuscule) est comme toujours sans texte. Pour éviter un déséquilibre visuel, le scribe a parsemé le dessous des portées de répétitions de *or* (finale de tén*or*)… même au-delà de la dernière note ! On pourra remarquer les différences de style de chaque voix : notes isolées pour le *cantus*, nombreuses ligatures pour le ténor, puisque l'absence de paroles ne nécessite pas d'articulations syllabiques (à noter la ligature *quinaria*, c'est-à-dire de 5 notes, à la seconde portée du ténor) :

Le cantus est écrit en clé d'*ut* 3e avec ♭, et le ténor en clé d'*ut* 5e avec ♭. Dans une voix comme dans l'autre, on peut distinguer certaines altérations accidentelles comme *fa* ♯ et *do* ♯.

Les paroles des autres strophes ne sont pas disposées sous les portées, mais écrites à la suite dans la seconde colonne. Seul le vers refrain de la deuxième strophe est incomplet : « S'il avenoit fors », etc. ; le scribe a éliminé « seulement morir ». Au-dessous de l'enluminure, tout est prêt pour débuter le lay, lettrine, portée, texte littéraire ; ne manquent que les notes (que nous connaissons par ailleurs) dont la suite se trouve au verso ! Preuve s'il en est de la répartition des tâches dans la réalisation des manuscrits.

■ Ms. fr. 1586, f° 165v°. (Paris, BNF.)

tiens   qui   tant   pens-
ues   au   tre   que

gra   uer   mer-
ma

Car riens confor ter ne me

proit iamais ne reious fu

auenoit for seulement

morir

Tenor   oz

oz

oz   oz   oz

oz   oz   oz

oz   oz   oz

Car douls espoir qui me nourist encore
Et q' soustient mô cuer en vo penser
Outre desir q' toudis me guerroie
Feries de moy suis cause defleuuer
Si quesil durer.
Ne voudroie sa\u0301s li côtre desir
Sil auenoit fors &c.

Et vraiement dame se perdroie
Lesperance de nich recouurer
P autre amer defesperez seroie
Car foibles suy p̃ tels cops endurer
Ne ie vous penser
Que vous ne amôs me prinsies guir
Sil auenoit fors seulenir morir.

Dyaute que point ne te

la spécificité du motet, à savoir les textes. La teneur choisie, le mot littéraire et musical David, est l'incise finale du verset de l'*Alleluia Nativitas*, qui ne fait que reprendre la formule conclusive du *Jubilus*.

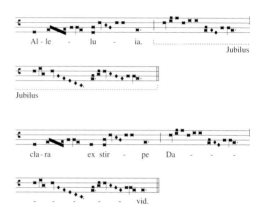

Le musicologue A. Gastoué, ayant remarqué que cet *Alleluia*, traité en *organum* triple par Pérotin, avait logiquement conservé monodique le seul mot *David* du verset que devait reprendre la schola, a voulu voir dans ce *David hoketus* une sorte d'hommage au vieux maître déchanteur ou un désir de rivaliser avec lui. Vision sans doute quelque peu teintée de romantisme, mais que rien ne vient formellement contredire.

Cette pièce qui, contrairement à son titre, ne fait que modérément appel au procédé de la *truncatio vocis*, est en deux sections enchaînées par tuilage et donc peu distinctes. Le programme rythmique est le suivant : le *color* de 32 sons répété 3 fois s'étend sur 8 *taleae* de 12 sons (3 × 32 et 8 × 12, soit 96 sons pour l'un et l'autre), ce qui permet la fin simultanée d'un *color* et d'une *talea*. La seconde section commence alors, dans laquelle un *color* sans diminution, presque sans pauses et en notes égales, se trouve épuisé en 4 *taleae* et 8 sons (4 × 8 = 32). La mélodie empruntée est ainsi facilement reconnaissable.

Au terme de ces observations, on comprend aisément que Machaut soit considéré comme la figure de proue du XIVe siècle musical. Il est le premier compositeur à mettre sous nos yeux une production d'une ampleur et d'une diversité considérables. Jusqu'à lui – serait-ce simple infirmité de nos connaissances ou hasards de transmission ? –, les quelques noms de compositeurs sont liés à un seul genre, Pérotin à l'*organum*, Adam de la Halle au rondeau, Vitry à un traité et quelques motets. Avec Machaut, l'horizon s'élargit, son talent est d'une universalité rare. Tant en musique profane qu'en musique sacrée, il pratique tous les genres. Mieux, il les codifie et les porte à un point de perfection jamais atteint. Sa palette est d'une étonnante variété et jamais la qualité de son inspiration n'est prise en défaut. Une telle maîtrise conduit à penser qu'il a éliminé sans pitié ce qui lui apparaissait comme de moindre intérêt.

Dans un siècle enivré par l'idée du progrès en art, il sait accueillir les nouveautés mais aussi s'en garder et ne pas se laisser griser par elles. S'il se révèle un maître exceptionnel de l'*ars combinatoria* dans tel motet ou dans le somptueux *Amen* du credo de sa messe, il passe avec la plus grande aisance à la simplicité d'une expression populaire dans tel rondeau ou même dans tel virelai monodique. La recherche d'adéquation entre poésie et musique, la sûreté de son goût et le discernement dans le choix des moyens sont sans aucun doute les clés d'un succès qui ne s'est jamais démenti.

En Marge de

La musique en Angleterre

Le rayonnement de la culture et de l'art français du XIIIᵉ siècle dans tout le monde occidental explique au moins en partie la rareté de documents de culture autochtone qui nous sont parvenus. Et comme, plus que les autres régions, l'Angleterre semble avoir suivi la France avec ardeur et s'être mise à son école en adoptant son répertoire, nous avons constaté combien il était difficile de faire la part entre les apports français et les éventuels remaniements ou ajouts anglais et d'en déduire des tendances locales.

On ne peut pas dire qu'au XIVᵉ siècle la tendance se soit radicalement inversée. Pourtant, s'il reste vrai que globalement la contribution française s'impose tant par l'intérêt des œuvres que par l'abondance et la qualité des manuscrits qui nous les ont transmises, on doit reconnaître l'existence d'une production anglaise, sans doute mineure et anonyme, mais abondante, qui ne sera pas sans effet ultérieurement sur l'expression musicale.

Ce n'est pas dans le cadre de la musique profane qu'a pu se manifester cette activité puisque, tant dans les cours princières que dans les milieux ecclésiastiques, la langue française demeura langue de culture. Il n'en reste pas moins étonnant que n'ait été retrouvé jusqu'ici aucun manuscrit qui, même sur textes français, témoigne d'un désir de création.

L'Ars Nova

La polyphonie anglaise est donc essentiellement d'inspiration religieuse. Il n'est pas surprenant qu'elle ait continué sur sa lancée du XIIIᵉ siècle et qu'elle se soit montrée conservatrice dans l'usage des genres (nous avons dit plus haut qu'elle pratiqua plus longtemps que les Français *organa* et *conductus*) ; son originalité a été d'en transformer peu à peu le langage et d'exploiter des éléments que les compositeurs français n'avaient fait qu'entrevoir sans en tirer toutes les possibilités.

Tentons de préciser – malgré le caractère fragmentaire des sources – les éléments de cette mutation peu spectaculaire mais efficace par laquelle se fixeront les canons d'une esthétique renouvelée dans le cadre de la constitution de cycles annuels ou d'un répertoire pour le culte de la Vierge ou des saints.

Une certaine impression de flou se dégage de l'ensemble de cette production. Non pas que les compositeurs abandonnent les procédés utilisés sur le continent, mais les frontières entre les genres sont moins rigoureuses. Ainsi, à côté de motets triples ou quadruples conformes à l'esthétique française, c'est-à-dire comportant deux ou trois textes différents au-dessus de la teneur, on trouve certains motets qui, à la manière du conduit, présentent un même texte pour les deux voix organales tout en conservant une teneur. D'autres, reprenant à leur compte l'échange de voix pratiqué si sou-

vent dans l'*organum* et qu'en Angleterre on appelle *rondellus*, ne proposent pas de texte pour la voix échangée,
abandonnant ainsi l'essence même du motet. D'autres
encore, en lieu et place d'une teneur empruntée, proposent un *pes*, motif inventé ne comprenant que quelques
longues et des silences, et servant de voix fondamentale
à la manière d'un *ostinato,* parfois assorti d'un autre *pes*
avec lequel sont ménagés des intervalles de tierce (motet
*Campanis cum cymbalis / Honoremus Dominum / Primus
pes / Secundus pes*) :

De tels exemples montrent à quel point l'esthétique
du motet à la française se trouve modifiée, ne serait-ce
que du fait de l'abandon possible de la teneur comme
fondement de la composition.

Cette fragilisation du rôle de la teneur se trouve
confirmée par la place qui lui est octroyée dans les nombreuses pièces séparées destinées à l'ordinaire de la
messe. Elle n'est située que rarement au registre grave et
perd le plus souvent le caractère statique dû à l'emploi
de notes longues, pour adopter une démarche compa-
rable à celle des autres voix. À preuve, le début de ce
Sanctus à trois voix de la messe *Orbis factor*, dont les
notes de la teneur ont été marquées d'une croix :

Ce moindre intérêt pour le *cantus firmus* se manifeste dans le goût prononcé pour le genre du *conductus* polyphonique, donc sans chant emprunté, que l'on a d'ailleurs du mal à distinguer d'une masse de compositions libres que l'on appelle « cantilènes » où de toute évidence la voix supérieure prend le pas sur les autres voix ravalées au rang de voix d'accompagnement. On peut s'en rendre compte aisément dans le très beau conduit à trois voix *Beata viscera* dont voici le début après la phrase liminaire *sine littera* :

On a pu constater à travers quelques exemples combien cette polyphonie tendait à se démarquer de la pratique continentale en privilégiant certains éléments d'écriture musicale qui, conjugués, aboutissaient à des sonorités fort nouvelles : usage des tierces et des sixtes, réputées en France consonances imparfaites, recours à des rythmes simples et simultanés, complaisance dans la conduite parallèle des voix, goût pour le retour sur des tournures, voire des phrases déjà exprimées. On n'en comprend que mieux l'influence soudaine de la production anglaise sur la musique continentale à l'aube du XVe siècle et son impact sur un public lassé des raffinements excessifs d'un art qui, cédant à la fascination de la complexité, venait à oublier le naturel. Ce succès est attesté par le chroniqueur Martin le Franc qui, dès 1440, dans son *Champion des dames,* évoque la « contenance angloise » et par le théoricien Tinctoris qui, en 1475, loue l'Angleterre d'être à l'origine d'une nouvelle époque musicale.

Le « Llibre vermell » de Montserrat

Autre aspect marginal de l'activité musicale durant la seconde moitié du XIVe siècle, un manuscrit, copié en 1382 par un moine de Montserrat, contenant une petite collection de 10 chants et danses religieuses de caractère fort simple et qui n'aurait pas joui d'une telle célébrité s'il n'avait connu la bonne fortune d'être relié – au XIXe siècle – en velours rouge, d'où son nom. C'est le seul vestige de l'ancien répertoire populaire exécuté par les pèlerins qui ait survécu à l'incendie des archives et de la bibliothèque au moment de l'entrée des troupes napoléoniennes. Sur ces 10 pièces, 3 seulement sont réellement polyphoniques : 2 virelais à deux voix, la très plaisante danse circulaire *Stella splendens in monte* (Étoile brillant sur la montagne), une curieuse pièce à double texte (s'il faut en croire le manuscrit), *Inperayritz de la ciutat ioyosa / Verges ses* (Reine de la cité joyeuse / Tu es vierge) et une autre à trois voix, *Mariam matrem virginem attollite* (Exaltez Marie, vierge mère), la seule pièce véritablement écrite selon les canons de l'*ars nova* pour *cantus*, ténor et contraténor. Trois autres ne sont que des canons à deux ou trois voix (*Caça de duobus vel tribus*), la première présentant la particularité d'être écrite en notes carrées, à l'ancienne, comme le chant liturgique. Trois monodies sont mentionnées comme danses (*A ball redon*) et la série se termine par une manière de danse de la mort, *Ad mortem festinamus* (Nous courons à la mort) qui n'est pas sans rappeler le genre des *Carmina burana* et qui a beaucoup fait pour la réputation de ce mince recueil.

Si intéressant qu'il soit, ce manuscrit, on peut le constater, vaut plus par son caractère de témoignage que par son contenu musical. Les arrangements que suscite son titre accrocheur, sans être coupables, risquent de lui conférer une importance disproportionnée et un rôle qu'il n'a pu avoir l'ambition de jouer.

LA MUSIQUE DU TRECENTO

Alors que le territoire français et l'Île-de-France en particulier connaissaient depuis le XIIe siècle une activité musicale d'une importance et d'une qualité que toute l'Europe reconnaissait exceptionnelles et dignes d'admiration, l'Italie à cette époque restait étrangement muette. Des difficultés politico-religieuses (absence de pôles culturels importants, perte d'influence des grandes abbayes, exil de la cour pontificale en Avignon) étaient sans doute la cause de cette quasi-inexistence sur la scène musicale. Seul vestige – bien modeste – d'activité, un *ordo officiorum* faisait état d'exécution de pièces polyphoniques à deux voix, dès 1213, à la cathédrale de Sienne, probablement des polyphonies *supra librum*, c'est-à-dire improvisées à partir du chant écrit.

Ce n'est que sensiblement plus tard, vers 1300, qu'à la cathédrale de Padoue sont exécutées des polyphonies écrites fort simples dont les deux voix évoluent soit en mouvement parallèle, soit même en mouvement contraire, mais sans croisement, du moins dans les pièces les plus anciennes où l'ambitus des voix est encore spécifique. Nous sommes donc ici bien loin des préoccupations savantes des compositeurs parisiens. On peut déceler toutefois dans ce répertoire ancien ce qui sera la caractéristique du XIVe siècle italien, cet « abandon à la musique » qu'a noté le musicologue Charles Van den Borren dans les œuvres des compositeurs de cette région.

■ Procession de moines en train de chanter. Fresque de la chapelle de Saint-Nicolas à Tolentino (Marches), XIVe siècle.

Ces traces d'activité ne peuvent suffire à évoquer l'existence d'une réelle *ars antiqua*. Il semble donc que doive être récusé pour le siècle suivant le terme d'*ars nova* – qui ne se justifie guère en Italie – et être préférée l'expression « musique du Trecento » (mot à mot : des années 1300) dont le mérite est de mettre en valeur la spécificité italienne en regard de la production française.

Un cas d'exception : la théorie devance la pratique. Marchettus de Padoue

L'absence d'antécédents polyphoniques importants connus rend d'autant plus surprenante l'éclosion d'un répertoire considérable et dont la maturité artistique ne peut être contestée. Serait-ce dû au développement précoce d'une théorie en avance sur la production musicale ? Ce n'est pas impossible. Aucun recueil de musique n'a été découvert antérieur aux deux ouvrages de théorie de Marchettus de Padoue, maître de chapelle à la cathédrale après 1305 et dont l'activité s'est poursuivie au moins jusqu'en 1326. Dans le *Lucidarium in arte musicae planae* (éclaircissement dans l'art du plain-chant), écrit entre 1309 et 1318, l'auteur regroupe de courts exposés généraux, fort traditionnels, sans doute fruits de son enseignement, mais il y ajoute une partie plus originale où il prend ses distances avec la tradition pythagoricienne transmise par Boèce sur la division du ton en deux parties inégales : pour lui, le ton se divise en cinq parties égales appelées chacune *diesis* ; le groupement donne naissance aux divers demi-tons : l'enharmonique (2 *dieses*), le diatonique (3 *dieses*) et le chromatique (4 *dieses*). C'est toutefois dans le *Pomerium artis musicae mensuratae* (l'étymologie – fantaisiste – ferait de ce *pomerium* un dérivé de *pomus*, le fruit, et conduirait à interpréter ce titre comme les « fleurs et fruits de l'art de la musique mesurée »), écrit entre 1318 et 1326, que l'on trouve l'exposé cohérent d'une rythmique dont certains éléments se différencient à ce point du système français qu'elle semble bien être à la base de la manière italienne plus propice à la fluidité mélodique. Certes, comme la

■ Portrait
du plus talentueux
compositeur de la
première génération
du Trecento,
Jacobus de Bononia
(Jacopo da Bologna).
(Florence, bibl.
Laurentienne,
ms. pal. 87, dit
Codex Squarcialupi,
f° 7v°.)

notation pétronienne, elle repose sur l'emploi de la *brevis*
(■) comme unité fondamentale dont la capacité variable
est précisée par le *punctus divisionis* (point de division).
Mais, alors que les Français abandonnent rapidement
cette innovation de Pierre de la Croix au profit des règles
fixées par Ph. de Vitry, les Italiens conserveront et généraliseront même l'usage de ce point en développant les
possibilités de monnayage de la *brevis*. Si l'on peut, en
effet, assimiler la première *divisio* (binaria : ♦♦ ou
ternaria : ♦♦♦) au *tempus imperfectum* ou *perfectum* français, et la deuxième *divisio* (quaternaria : ♩♩ ♩♩ ou *senaria
imperfecta* : ♩♩♩ ♩♩♩ dans un cas, *senaria perfecta* : ♩♩ ♩♩ ♩♩ ou
novenaria : ♩♩♩ ♩♩♩ ♩♩♩ dans l'autre) à notre prolation
majeure ou mineure, Marchettus va au-delà et recourt à
une troisième *divisio* qu'ignorent les Français : l'*octona-
ria* : (♩♩♩♩ ♩♩♩♩) et la *duodenaria* : (♩♩♩♩ ♩♩♩♩ ♩♩♩♩). Et, pour affi-

ner la lecture rythmique, est introduite une grande
variété de signes, appelés *semi-brèves signatae* ou *cauda-
tae* : (♪ , ♩), sans parler d'autres signes permettant de sor-
tir du cadre *via artis* (de façon artificielle) dont nous ne
pouvons parler ici. Il faut aussi préciser que Marchettus
était si bien informé du style français qu'il préconise de
placer en début de pièce la lettre G (Gallice) au lieu de Y
(Italice) pour déterminer le choix de lecture à adopter :
c'est le cas de la *senaria gallica* qui correspond à notre
tempus imperfectum prolatio major.

Source de la musique du Trecento

Six manuscrits principaux d'inégale importance ras-
semblent les œuvres italiennes de ce XIVe siècle : le plus
ancien, le manuscrit Rossi 215, de la bibliothèque Vaticane, réalisé vers 1340 dans l'entourage de la famille
régnante Della Scala, à Vérone, contient 42 pièces
(depuis que quelques feuillets manquants ont été
retrouvés). Quatre autres datent des dernières années
du XIVe siècle : Londres, British Museum Add. 29987,
avec 49 pièces ; le manuscrit Panciatichi 26, avec 154 ;
Paris, BNF, ms. italien 568 avec 165 ; à Paris aussi,
Nouv. Acq. Fr. 6771, le *Codex Reina,* avec une centaine
de pièces italiennes parmi beaucoup d'autres des XIVe et
XVe siècles. Mais le plus riche de tous est le somptueux
Codex dit *Squarcialupi*, du nom de l'organiste de Lau-
rent de Médicis à qui il a appartenu. Compilé vers
1415-1419, peut-être par Paolo da Firenze, il est
conservé à Florence et contient 354 œuvres (dont plus
de 150 *unica*) – la quasi-intégralité de la période appelée souvent « *ars nova* florentine » – classées par compositeurs en ordre chronologique, chaque section étant
donc attribuée avec certitude et précédée du portrait du
compositeur.

Genres et structures

Contrairement à la musique polyphonique, la poésie
connaît une activité intense au XIIIe siècle. C'est à cette
époque que Dante (1265-1321) pratique le *dolce stil*

nuovo, mais, malgré l'usage de termes musicaux comme *canzone* et *ballata*, on ne sait guère quelle était la relation entre poésie et musique. Tout au plus peut-on supposer que, comme ailleurs, poète et musicien monodiste ne faisaient qu'un, mais la transmission orale n'a pas

PARTICULARISMES ITALIENS DANS LA CONDUITE DES VOIX

Le goût italien pour une expression gracieuse et légère explique la quête permanente d'une suavité mélodique qui contraste fort avec la combinatoire assez cérébrale des œuvres françaises de la même époque. La répulsion naturelle à l'endroit de la complexité conduit les compositeurs à ne pas pratiquer le motet (donc la composition à partir d'un chant emprunté transformé en *cantus firmus*) et à refuser la pluralité des textes ; ils privilégient le duo vocal, *cantus* et tenor (libre), dans lequel se manifeste pour l'une et l'autre voix un souci de vocalité où les intervalles larges n'ont pas vraiment leur place, mais où les intervalles imparfaits de tierce et de sixte non seulement ont droit de cité, mais sont même d'un emploi courant ; l'union des voix est parfois si intime qu'elles peuvent présenter des séquences homorythmiques où les syllabes sont prononcées ensemble par les deux voix.

Conséquence de cette attitude : les finales (unisson ou octave) sont presque toujours atteintes par sons conjoints tant à la voix grave qu'à la voix de dessus, et donc sans cadence, à l'inverse de ce qui semble se dessiner en France à cette époque.

Et même quand ils écrivent à trois voix – situation beaucoup plus rare – les compositeurs du Trecento ne se départissent guère de cette attitude. Le contraténor ajouté ne présente que peu de ressemblances avec son homologue français et répugne au caractère anguleux de celui-ci au profit d'une linéarité accusée.

Rares sont les cas où il donne l'impression de recherche, à la française, d'une complémentarité harmonique du duo *cantus*/ténor. Et même dans ce cas, l'absence de préoccupation cadentielle est flagrante puisque les notes finales sont amenées, là encore, par mouvements conjoints. Il faut toutefois noter que, malgré ces divergences d'acheminement des voix vers leur terme, les Italiens restent fidèles, comme les Français, à l'accord creux de quinte finale.

laissé de traces. Cette situation ne survivra d'ailleurs pas à l'époque de Dante, au moment précisément où apparaissent les premières polyphonies et l'usage de la langue italienne.

On constate dès l'abord que la musique profane se taille la part du lion et que la musique sacrée, si l'on en reconnaît aujourd'hui l'existence, ne semble pas avoir joué un rôle aussi important qu'en France. Cité par Francesco da Barberino dès 1313 comme une forme nouvelle, le *madrigal* semble, bien qu'il soit considéré comme « *rudium inordinatum concinium* » (chant fruste et peu ordonné), remporter tous les suffrages ; le *Codex Rossi* en compte 40 sur 42 pièces. On a beaucoup glosé, dès l'époque, sur l'étymologie du mot qui reste obscure : *Cantus materialis*, comme le disent les milieux ecclésiastiques avec quelque dédain, en l'opposant au *Cantus spiritualis* ? *Cantus mandrialis* (de *mandria*, le troupeau) comme l'imagine le théoricien Antonio da Tempo pour en souligner le caractère pastoral dans son traité de métrique de 1332 ? Ou plutôt, et ce serait peut-être l'étymologie la plus vraisemblable, *cantus matricalis*, chant en langue maternelle ?

De forme assez mouvante dans ses débuts (ce qui peut justifier la qualification d'*inordinatum*), le madrigal acquiert rapidement sa forme définitive, à savoir deux ou trois *terzetti*, en vers le plus souvent hendécasyllabiques, sur la même musique, suivis d'un *ritornello* de deux vers à exécuter pour clore le madrigal en contraste rythmique avec les *terzetti*. Les deux voix énoncent simultanément un même texte mais se différencient par leur tessiture et leur conduite mélodique : la voix inférieure, plus grave, est aussi de caractère plus sobre ; la voix supérieure, plus aiguë, est beaucoup plus fournie en mélismes en début et fin de vers. Toutefois, contrairement aux Français, les compositeurs italiens recherchent plutôt l'unification que le contraste entre les voix, allant même jusqu'à ménager parfois des amorces d'imitation. Cette tendance est particulièrement sensible dans l'acheminement progressif des deux voix vers l'unisson final.

■ Folio de manuscrit du tout début du XVe siècle, qui met en lumière les caractéristiques du style maniériste des successeurs de Machaut : finesse et précision extrême de la notation, graphie acérée, goût pour les changements de rythme par changement soit de couleur d'encre (notes rouges), soit de signe (au registre du bas : $\frac{3}{2}$, $\supset$, $\mathbb{C}$).

(Turin, Bibl. nat., ms. J. II. 9, f° 114v°.)

Tout aussi ancienne mais en moindre abondance apparaît une seconde forme polyphonique profane appelée *caccia* qui, comme la *chace* française, est fondée sur l'expression canonique. Elle se différencie toutefois de la *chace* en ce qu'elle est toujours à trois voix dont seules les deux voix supérieures dialoguent en canon sur le même texte au-dessus d'une manière de teneur non empruntée et *sine littera*, pratique que n'ont jamais employée les Français. D'autre part, comme le madrigal, dont certains pensent qu'elle pourrait être issue, elle se termine par un *ritornello* qui contraste rythmiquement en général avec la première partie et qui peut lui aussi être canonique.

C'est l'Italie du Nord qui a été le théâtre de l'activité de cette première génération de compositeurs du Trecento. À la cour de grands seigneurs locaux qui font régner la terreur mais entretiennent le goût de l'art, les Della Scala à Padoue et à Vérone, les Visconti à Milan, se développe un art de salon, s'adressant à des cercles restreints de connaisseurs qu'il faut charmer et distraire. D'où le caractère recherché mais plaisant, raffiné sans complexités excessives : le madrigal, chanson artistique par excellence, de caractère sérieux et méditatif, traite de thèmes amoureux de façon volontiers allusive ou symbolique, voire obscure, mais la *caccia*, tout en se préoccupant de l'aisance mélodique des lignes, met l'accent sur le réalisme, la vie et le pittoresque dans des scènes, sinon toujours de chasse, du moins de plein air comme pêche ou marché, en recourant à des onomatopées amplifiées par la répétition canonique inhérente au genre.

Première génération de compositeurs du Trecento

Ce sont ces deux formes profanes que pratiqua dans l'Italie septentrionale la première génération de compositeurs (env. 1330-1350). De Magister Piero dont ne nous restent que 8 pièces, nous retiendrons l'intérêt qu'il porte à l'écriture canonique puisqu'il conçoit même 2 de ses 6 madrigaux comme des *cacce* sans teneur (on parle alors de *caccia*-madrigal). On lui reconnaît le mérite d'avoir contribué à fixer le genre de la *caccia* et d'avoir su tirer un heureux parti de ce type d'écriture. Mais c'est avec ses deux rivaux, sans doute un peu plus jeunes que lui (il se mesura avec l'un et l'autre en concours à la cour de Luchino Visconti), Giovanni da Cascia (Johannes de Florentia) et Jacopo da Bologna, que l'on mesure mieux l'importance de cette première génération de compositeurs. Avec Giovanni, la structure et le style du madrigal se précisent ; le genre prend de l'ampleur et les mélismes se font plus généreux au début et à la fin de chaque phrase, encadrant la récitation plus déclamatoire de la partie centrale. Parmi ses 16 madrigaux à deux voix, il faut citer le célèbre et sibyllin *Nel meco a sey paghone vid'un bianco* (Parmi six paons, j'en vis un tout blanc), mais aussi *Après'un fiume chiaro* (Près d'un clair ruisseau) où apparaît, en tête du *ritornello* et quelque peu dissimulé par un jeu de mot (*Annamorar me fa*) le nom d'une certaine Anna qui se retrouve aussi dans un madrigal de Magister Piero et dans un autre de Jacopo. Il ne serait sans doute pas impossible de voir ici la trace d'une compétition.

L'œuvre de Jacopo est d'une tout autre ampleur. Non seulement le nombre d'œuvres dont nous disposons est plus important – 30 madrigaux à deux ou trois voix, 2 *caccia*-madrigal, 1 *caccia* –, mais ces œuvres figurent dans plusieurs manuscrits, preuve d'une notoriété plus grande. La qualité artistique au demeurant est évidente. L'aisance de la diction mélodique et le naturel dans la recherche de la complémentarité des voix apparaît en pleine lumière dans le madrigal à deux voix *Fenice fu* (J'étais phénix) dans lequel Jacopo, contrairement à Giovanni, évite l'entrée simultanée des deux voix, ménageant un dialogue d'une rare élégance. Probablement poète lui-même, il put être en contact avec Pétrarque dont il est le seul à avoir traité un madrigal en musique, *Non al suo amante*. D'autre part, le souci de varier sa palette le conduit à enrichir la forme d'une troisième voix dans 6 madrigaux et même à superposer – pratique inconnue en Italie – trois textes différents dans un

madrigal, sans doute de circonstance, *Aquila altera /
Creatura gentil / Uccel de Dio* (Aigle altier / Noble créature /
Oiseau de Dieu), qui pourrait célébrer soit le couronnement de Charles IV à Milan, soit le mariage de Galeazzo
Visconti. Peut-être cette démarche le poussa-t-elle à ten-
ter sa chance dans le domaine du motet à la française : le
motet triple en l'honneur de Luchino Visconti, *Lux pur-
purata / Diligite justiciam /* Teneur (non identifiée), inaugure la carrière ultérieure de ce que l'on appellera le
motet de cérémonie. Ce renouveau dans la production
musicale laisse entendre que Jacopo a pu connaître l'art
français et s'en inspirer : c'est ce que confirme son traité
L'arte del biscanto misurato.

Seconde génération de compositeurs du Trecento

Dans les années 1360-1370, l'effervescence créatrice
qu'avaient connue les villes du Nord se déplace vers
Florence, dont la prospérité fondée sur le négoce et les
échanges internationaux attire les artistes et qui devient
un centre de rayonnement incomparable. À cette
période appartiennent des compositeurs comme Gherardello da Firenze († 1367), l'auteur de la très belle *caccia Tosto che l'alba del bel giorno appare* (Dès que l'aube
de la belle journée apparaît), Niccolo da Perugia, considéré comme l'un des premiers compositeurs de *ballate*
vers 1360, Laurentius de Florentia (Lorenzo Masini),
qui mit en musique des poèmes de Sacchetti, Soldanieri,
de Boccacio. Son invention mélodique est d'une
ampleur et d'une intensité expressive rares comme dans
ce madrigal à trois voix, *Dolgomi a voi, maestri del mie
canto,* où il s'en prend à ceux qui gâtent la musique.
Citons encore Donato da Cascia (ou da Firenze) dans
l'œuvre duquel apparaissent des traces d'influence française (virelai à deux voix : *Je port amiablement*). Certains
de ces compositeurs, dont l'influence est loin d'être
négligeable, apparaissent toutefois comme de petits
maîtres en regard de Landini, dont la production est
d'une telle ampleur qu'elle représente à elle seule le tiers
de toute la musique du Trecento.

Francesco Landini

154 œuvres nous sont parvenues, dont 143 figurent dans le *Codex Squarcialupi*. D'emblée, une constatation s'impose : le madrigal et la *caccia* qu'avaient tant cultivés les compositeurs du Nord disparaissent presque au profit du genre nouveau de la *ballata* polyphonique qui semble retenir toute l'attention du compositeur.

En effet, nous ne connaissons de lui que la seule *caccia* (ou *pesca* !) *Chosi pensoso* (Tout songeur) dans laquelle le compositeur, sans s'interdire le style direct, les cris et le pittoresque inhérents au genre (Oh oh ! – Qu'as-tu ? Qu'as-tu ? J'ai été mordue au doigt !), laisse transparaître, dès qu'il le peut, son goût pour une plastique mélodique peu fréquente dans ce genre (*L'Ermelina l'a preso* : Hermeline l'a pris). Quant à ses 12 madrigaux, dont 9 à deux voix, ils n'échappent guère au langage volontiers hermétique du genre, même quand le texte autobiographique (*Mostrommi amor*, Amour me montra) fait allusion à sa *vista chiusa* (sa vue close) ou semble célébrer un événement comme le mariage de Galeazzo Visconti et de Caterina (*Una colomba candida*, Une blanche colombe). De plus, ils ne comptent pas parmi les œuvres les plus représentatives. Manifestement, le genre s'essouffle, et c'est peut-être la raison pour laquelle le compositeur s'efforce de le renouveler en introduisant dans le madrigal à trois voix *Si dolce non sono* (Avec autant de douceur) une isorythmie rigoureuse de la teneur, sans doute en hommage à Vitry (*Ghallo mio*), ou en superposant à la française trois textes différents dans le madrigal *Musica son / Già furon / Ciascun vuoli*.

C'est incontestablement dans le domaine de la *ballata* qu'il donne le meilleur de lui-même. Abandonnant totalement le ton narratif, allusif, voire pittoresque du madrigal et de la *caccia*, la *ballata*, jusque-là monodique, au ton plus personnel, plus humain, devient le genre prépondérant. Sur les 154 œuvres de Landini, 140 sont des *ballate*, dont 91 sont à deux voix et 49 à trois voix. Contrairement au madrigal, on n'y constate aucune pré-

occupation d'ordre rythmique. Bien au contraire, l'unité
y est visiblement recherchée. La structure en est simple
et n'est pas sans rapport avec celle du virelai français,
mais le caractère en est fort différent. Écrite en vers de 7
à 11 pieds, elle adopte le schéma suivant :

1. *Ripressa*	(A)		
2. *Piede* 1	(B)		
3. *Piede* 2	(B')		*stanza*
4. *Volta*	(A')		
5. *Ripresa*	(A)		

Le nombre de vers peut varier, d'où les appellations
de *ballata minima* ou *piccola* (*ripresa* : un seul vers),
minore (2 vers), *mezzana* (3 vers), *grande* (4 vers). Enfin,
le plus grand nombre de *ballate* se limite à une seule
stanza, un certain nombre en compte 2 et quelques-unes
3 et même 4.

Musicalement, les *ballate* tranchent de façon assez
nette avec les madrigaux. L'expression tend à se simpli-
fier, les mélismes plus brefs se raréfient et semblent
moins répondre à un souci décoratif. Même quand une
troisième voix intervient, elle s'abstient de toute complexité canonique et, à la manière de la contreteneur
française, elle vise à compléter la sonorité. Il s'ensuit que
la primauté de la voix de *cantus* s'en trouve renforcée et
qu'il se dégage de certaines pièces une étrange impression d'écriture plus harmonique, bien en accord avec le
caractère élégiaque du texte.

Toutes, bien sûr, ne relèvent pas de la même esthétique. Certaines gardent le souvenir de la ballade populaire qui n'était qu'une *danza*. À preuve cette sorte de
« reverdie » à deux voix qui célèbre le retour du printemps, *Ecco la primavera,* et qui joue sur la juxtaposi-
tion de cellules rythmiques conflictuelles avec beaucoup de bonheur, ou encore *La bionda trecca*, bien
proche d'une « ballette ». D'autres ne sont pas sans rappeler la manière raffinée, presque sophistiquée, du
madrigal avec ses mélismes expressifs au début et à la
fin de chaque vers, comme la *ballata* à deux voix *Ma'*

non s'andra dont la conduite mélodique de belle qualité évoque avec bonheur les tourments d'un amoureux transi. Les *ballate* à trois voix ne se présentent pas de façon uniforme : 27 d'entre elles adoptent une disposition que l'on qualifie de française avec paroles au seul *superius*, à la manière de Machaut, comme la *ballata Non avrà ma' pietà* (Jamais elle n'éprouvera de pitié) où l'influence française semble évidente ; 12 n'ont de paroles qu'au *cantus* et au ténor ; c'est le cas de l'une des pièces les plus expressives de Landini, *Gram piant' agli ochi* (Mes yeux sont pleins de larmes), dans laquelle certains figuralismes sont peu contestables : d'une part, la montée vers l'aigu sur les deux premiers mots *Gram piant'* (Grands pleurs) et, d'autre part, cet

FRANCESCO LANDINI

L'usage de l'expression *ars nova* pour la France et l'Italie engendre souvent des rapprochements inopportuns. S'il est vrai que Machaut et Landini sont à juste titre considérés comme les plus illustres représentants de l'art du XIVᵉ siècle dans leur pays, il faut rappeler que vingt années séparent la mort du compositeur français (1377) de celle de l'Italien, et qu'à peu près le même laps de temps s'écoule entre la mort de Landini et les premières œuvres de G. Dufay.

C'est peut-être à Fiesole que naquit Francesco à une date inconnue, dans un milieu culturel favorable : son père appartenait à l'école de Giotto et était cofondateur de la guilde florentine des peintres. À la suite d'une variole, Francesco devint aveugle, s'orienta de bonne heure vers la musique et étudia notamment l'orgue. Il œuvra dans la facture instrumentale et aurait inventé un nouvel instrument à cordes appelé *serena serenarum*. Apprécié comme chanteur et poète, il reçut du roi de Chypre la *corona laurea* en qualité de poète musicien, ce qui permet de supposer qu'il peut être lui-même l'auteur de nombre de ses poèmes mis en musique. En 1361, il était organiste au monastère de la Sainte-Trinité et, de 1365 à sa mort, il fut chapelain à l'église San Lorenzo. En 1379, il participa à la construction de l'orgue de Santa Annunziata. Si l'on en croit *Il paradiso degli Alberti,* il prit part en 1389, avec son ami le chancelier Salutati, aux conversations érudites, ponctuées d'intermèdes musicaux, de la Villa Alberti.

appel désespéré lancé par la voix de ténor sur les mots *Chiamo la morte* (J'appelle la mort) ; enfin, 10 *ballate* présentent la disposition que l'on dit italienne, avec paroles à toutes les voix, même au contraténor, comme *A le' s'andrà lo spirto* (Vers elle ira mon esprit), où l'on reconnaît le « Senhal [16] » Sandra et encore la *ballata grande, nessun ponga sperança* (Que personne ne place son espérance dans sa jeunesse), dont l'intensité émotionnelle n'a guère d'égal dans la production de toute l'époque.

On aura remarqué que, mis à part le motet signalé de Jacopo da Bologna, les Italiens se sont tenus à l'écart de ce type de composition dans lequel les Français avaient tant excellé. Peut-être l'aspect rationalisant de ces constructions fortement intellectualisées répugnait-il au génie italien. Quelques motets pourtant étaient certes apparus dès 1340-1350, à Padoue ou à Venise, motets pluritextuels sur *cantus firmus*, mais peu complexes où des traces d'isorythmie sont repérables. Il faudra attendre la fin du siècle et la troisième génération de compositeurs du Trecento pour que se manifeste en Italie une véritable activité dans le domaine du motet isorythmique.

De même il est assez surprenant de constater que, bien que bon nombre de compositeurs que nous avons cités aient été des ecclésiastiques, ils se sont davantage préoccupés de musique profane. Les œuvres sacrées publiées aujourd'hui montrent que, même si une certaine activité s'est manifestée au moment de la Renaissance florentine, cette production est restée assez nettement en retrait. En général à deux voix, parfois sur *cantus firmus*, ces œuvres restent mineures et ne présentent que de brefs mélismes, sans grande originalité ni recherche. Beaucoup de ces mouvements de messe sont anonymes, quelques-uns signés de Gherardello ou encore de Lorenzo, mais il ne semble pas que l'on puisse trouver d'initiatives dans la constitution de messes.

■ Peu représentatif de l'esthétique de Landini, le madrigal à triple texte *Musica son/Già furon/Ciascun vuoli* est cependant proposé en tête de ses œuvres, accompagné de son portrait, dans le fameux *Codex Squarcialupi*. Sans doute a-t-on voulu rendre hommage à sa capacité à écrire, à la française, une œuvre pluritextuelle dont les paroles un peu agressives pourraient être du compositeur lui-même. Le *cantus* célèbre la douceur de la musique, tandis que contraténor et ténor s'en prennent aux prétentieux et *gran signori* des cours florentines. (Florence, bibl. Laurentienne, ms. pal. 87, f° 121v°.)

16. Dédicace dissimulée.

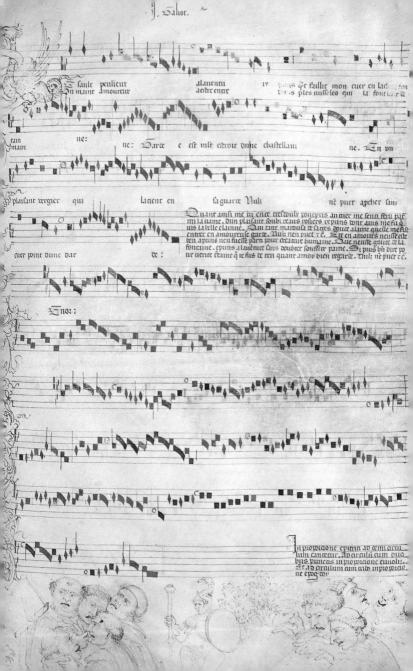

DANS L'ATTENTE D'UN RENOUVEAU

Si des traces d'influence française peuvent être décelées dans la musique italienne de la fin du siècle, elles ne sont sans doute pas étrangères au retour à Rome de la cour pontificale à partir de 1377 et, avec elle, de musiciens italiens initiés à l'art français durant leur séjour en Avignon. Si cette influence n'est pas plus manifeste, c'est peut-être en raison de la stature exceptionnelle de Landini. Par tempérament, il n'avait pas abdiqué la simplicité d'inspiration qui l'avait tenu à l'écart des raffinements excessifs de l'art français depuis la disparition du chanoine de Reims.

Beaucoup de noms de compositeurs français nous sont connus de la période qui suivit la mort de Machaut, mais le nombre d'œuvres de chacun est trop minime pour que l'on puisse dégager de vraies personnalités. Les dates de vie même sont incertaines et les activités peu précises. De grandes tendances toutefois se dégagent, qui vont toutes vers une complexité accrue, l'emploi de valeurs de plus en plus brèves, une graphie acérée, qui ont conduit des spécialistes à parler de style maniéré (Willi Apel) ou encore d'*ars subtilior* (Ursula Günther).

Cet art très éclaté s'exerce, sans doute du fait du Grand Schisme, tant en France qu'en Italie, en Aragon, à Orthez ou à la cour de Chypre. Innombrables seraient les noms à citer qui figurent dans les manuscrits *Chantilly, Modena, Reina* : Andrieu, Grimace, Suzoy, Vaillant,

■ *Le Sault périlleux*, ballade à trois voix, est l'une des deux seules pièces connues de Johannes Galiot, dont l'activité se situe entre 1380 et 1395. La très grande complexité rythmique est tout à fait représentative de l'*ars subtilior*. (Chantilly, musée Condé, ms. 564, f° 37v°.)

Solage, Senleches, Galiot, etc., mais aussi Anthonello da Caserta, Philipoctus, Conradus de Pistorio et surtout Matteo da Perugia, le mieux représenté dans les manuscrits. On peut constater que ce que l'on a appelé la troisième génération de musiciens du Trecento se fond avec les musiciens français et que la distinction s'efface entre les productions des uns et des autres : le motet isorythmique se répand en Italie avec ses expériences rythmiques purement cérébrales ; quant à la musique profane, même sous la plume de compositeurs italiens, elle opte le plus souvent pour des textes poétiques français. Tel est le cas de la ballade d'Anthonello, *Amour m'a le cuer mis en tel martire,* dans laquelle se superposent des rytmes conflictuels, ou la ballade de Matteo da Perugia († avant 1418), *Le greygnour bien* (22 de ses 24 chansons sont sur textes français).

À la complexité rythmique s'ajoute, en cette fin de siècle, un certain goût pour les rébus, telle *La Harpe de mélodie* de J. Senleches († vers 1395), canon irrégulier des deux voix supérieures, décrit de façon hermétique par un poème explicatif ; ou encore pour un renouveau de la pluritextualité : à preuve la ballade à double texte du même J. Senleches *Je me merveil / J'ay plusieurs fois*, ou le rondeau à triple texte de Johannes Vaillant († 1390), *Tres doulz amis / Ma dame / Cent mille fois*.

Cette complaisance dans la difficulté recherchée dénote peut-être chez les compositeurs un manque de confiance dans la qualité intrinsèque de leur production et un besoin de conquérir par une habileté qui nous semble excessive un surcroît d'estime. Car comment interpréter le fait qu'ait été parfois préférée une notation inutilement complexe pour des rythmes finalement assez simples ? que l'individualisation des lignes ait été à ce point poussée parfois jusqu'à l'extravagance ? Le mot de Charles Van den Borren, qui parle des « déliquescences d'un art flamboyant » pour l'art de la fin du XIVe siècle, garde toute sa vérité. Et même si, dans cette production franco-italienne, on trouve, à côté de pièces à la rythmique torturée comme la ballade de Galiot *Le*

Sault périlleux, de ravissantes chansons comme le virelai à trois voix *Contre le temps et la sason jolie*, ou encore cet autre virelai si attachant à quatre voix dont la grâce n'est pas altérée par une facture voulue complexe : *Hé, tres doulx roussignol*, de Borlet, il n'en reste pas moins qu'un seuil est atteint que l'on peut à juste titre considérer comme une impasse. Le renouveau viendra du Nord, de ces régions épargnées par le conflit franco-anglais de la guerre de Cent Ans comme la province de Liège, à cette époque si florissante, et le Cambrésis. C'est de Liège en effet qu'est originaire ce Jean Cigogne au nom italianisé en Giovanni da Ciconia, que l'on met au nombre des compositeurs de la troisième et dernière génération du Trecento, et qui saura assumer les héritages italien et français, en orientant la musique vers une simplicité retrouvée.

ANNEXES

Glossaire

L'histoire de la polyphonie est directement tributaire des possibilités de la graphie musicale. L'exigence d'un minimum de connaissances au sujet des notations successives s'impose à qui veut approcher les problèmes posés.

Notation neumatique

On fixa d'abord par écrit au-dessus des textes des signes aide-mémoire que l'on appela neumes, simples indications de notes groupées représentant le mouvement mélodique et les séparations entre les groupes (coupure neumatique).

La hauteur n'est pas prise en considération pour ces repères écrits *in campo aperto* (en terrain découvert).

Pourtant, une certaine nouveauté se manifeste du fait que l'on commence à assimiler la notion de haut à celle d'aigu, de bas à celle de grave. Intervient alors l'utilisation de moyens faisant état des rapports des sons entre eux : c'est ce que l'on appelle la *diastématie* (du grec διάστημα, intervalle), comme dans la notation neumatique aquitaine.

L'introduction d'une puis de plusieurs lignes avec clés précise la hauteur de quelques sons.

Notation modale

Vers le XIIᵉ siècle, certaines parties de neumes s'épaississent et apparaît la *nota quadrata,* qui sera adoptée pour la notation des premières polyphonies occidentales par souci d'indiquer les sons et les durées (longues ou brèves).

En effet, selon leur groupement ou leur place dans le groupement, les notes prennent des valeurs relatives. Elles se présentent en ligatures (de 2, 3 ou 4 notes), et c'est l'ordre des ligatures qui détermine le mode rythmique selon lequel tel élément de phrase devra être lu.

Six cadres modaux se constituent, appelés modes rythmiques, se répétant en séquences appelées *ordo* (pluriel : *ordines*). Un trait vertical, ancêtre de notre pause, indique la fin d'un *ordo.* Voici l'exemple d'un premier mode ◣ ⁝▪⁝▪◗ .

Il est constitué d'une ligature *ternaria* (3 notes) suivie de plusieurs *binarie* (2 notes). En voici la traduction en longues et en brèves :

$$\overline{LBL}\ \overline{BL}\ \overline{BL}\ \overline{BL}\mathbf{I} = \begin{smallmatrix}6\\8\end{smallmatrix}\ \flat\flat\ \flat\ \flat\flat\ \flat\ \flat\flat\ ,$$

N. B. : on peut donc constater que ce n'est pas l'apparence de la note, mais sa situation dans l'*ordo* qui indique sa durée.

Toutefois, divers aménagements assouplissent ce cadre contraignant, d'autant plus nécessaires que le rythme reste permanent dans chaque *ordo*.

Notation mesurée
Dans les années 1230, le besoin se fait sentir de donner une valeur à des notes isolées, surtout nécessaires pour les voix supérieures. Cela conduit à l'élaboration d'un code précisant les valeurs des notes entre elles. On distingue désormais :

la maxime ⊣ (maxima = très grande)
la longue ⊣
la brève ■ et éventuellement la semi-brève ♦

Chaque valeur de note peut se diviser par monnayage :
– la division de la longue s'appelle le *modus* (mot latin masculin ; pluriel *modi*). Il peut être soit *major* : ⊣ = ■ ■ ■, soit *minor* : ⊣ = ■ ■
– la division de la brève s'appelle le *tempus* (mot latin neutre : pluriel *tempora*). Il peut être soit *perfectum* : ■ = ♦ ♦ ♦, soit *imperfectum* : ■ = ♦ ♦
– la division de la semi-brève s'appelle *prolatio* (mot latin féminin ; pluriel *prolationes*). Elle peut être soit *major* : ♦ = ↓↓↓, soit *minor* : ♦ = ↓↓

À mesure que les figures de notes s'individualiseront, le besoin de connaître le groupement (le plus souvent ternaire jusqu'au XIVe siècle) suscitera l'emploi d'artifices dont l'un des principaux sera le *punctus divisionis*, qui indique une fin de groupement un peu à la manière de notre barre de mesure. Par exemple, une longue suivie d'une brève ⊣ ■, elle-même suivie d'un point, ne vaudra que *deux*, amputée dans sa durée par la brève qui la suit et qui appartient au même groupement rythmique : $\frac{3}{4}$ ♩ ♩
D'autres règles rappellent que l'apparence peut être trompeuse et que le seul aspect d'une note n'indique pas forcément sa durée. En voici deux exemples faciles à comprendre :
1. Si deux longues ⊣⊣ se succèdent, la première est majeure et vaut 3 brèves ⊣ = ■ ■ ■. Règle : *Similis ante similem perfecta* (Une semblable devant une semblable est parfaite).
2. Si deux brèves se trouvent entre deux longues ⊣ ■ ■ ⊣, la deuxième brève est une *brevis altera* (c'est-à-dire une fausse brève : elle n'est brève qu'en apparence ; en réalité, c'est une longue dont la valeur est amputée de la durée de la brève qui précède : ♩ ♩ ♩ ♩ .

Ces quelques détails pourront guider le lecteur désireux de s'appesantir sur les clichés proposés et lui fournir quelques éléments de compréhension.

CANTUS (pl. *cantus*)

Terme latin signifiant chant. Dans les manuscrits du XIVe siècle, l'habitude prévaut, pour la chanson profane, de disposer les syllabes du texte sous les notes de la seule voix supérieure qui « a le chant » (comme le dit Machaut dans le *Voir dit*) et n'a pas à être désignée par un terme spécifique. On l'appelle parfois *superius* ou mieux *[cantus]*, en notifiant par les crochets que, contrairement aux autres termes comme *ténor* et *contraténor*, ce mot est moderne et ne figure pas dans le manuscrit.

CANTUS FIRMUS (pl. *cantus firmi*)

Conçue au départ comme l'embellissement d'un chant, la polyphonie prend naturellement appui sur une réalité préexistante. Ce chant emprunté est l'élément stable de l'œuvre nouvelle, le *cantus firmus* (chant solide), à partir duquel est imaginé un déchant, puis une polyphonie plus complexe. Quand apparaît l'*organum* fleuri, chaque note du *cantus firmus* est allongée pour soutenir les mélismes et ce chant en notes longuement tenues prend le nom de « teneur ».

CLAUSULE

Dans le langage de la rhétorique, la clausule indique la fin d'une période, la désinence. Dans la polyphonie vocale de l'école de Notre-Dame, ce mot désigne des sections d'*organum*. À deux, trois ou même quatre voix, ces clausules proviennent surtout de la partie du répons appelé verset, où les mots sont plus nombreux et leur expression chantée, rythmiquement plus active. Chaque mot latin reçoit une parure mélodique et devient un mot musical. Étant la parure musicale d'un mot, il n'est pas étonnant qu'une clausule ait pu en remplacer une

autre à l'intérieur de la vaste structure d'un *organum* : d'où l'expression « clausule de substitution ».

COLOR (voir *Isorythmie*)

CONTRATÉNOR

Au XIVe siècle apparaît épisodiquement dans la polyphonie une voix nouvelle du même registre que le ténor et exprimée avec des valeurs de notes du même ordre. D'abord considérée comme accessoire, elle peut être ajoutée par le compositeur lui-même (ou par quelqu'un d'autre) à une œuvre préexistante à 2 voix (*cantus* et ténor) ou même remplacée par une contreteneur différente ; elle ne s'imposera définitivement qu'au XVe siècle.

Ce caractère d'ajout est matérialisé dans les manuscrits par l'emplacement réservé à cette voix : elle est toujours située en dernière place, même si sa tessiture dépasse un peu la voix de ténor (dans les transcriptions, les musicologues la placent tantôt au-dessus, tantôt au-dessous du ténor en fonction de la hauteur moyenne des notes).

Enfin, toujours dépourvue de paroles, elle est donc de caractère instrumental.

DIAPHONIE

Au sens propre, ce terme grec signifiant « désaccord » désigne le procédé qui consiste à dissocier les voix, mais très tôt un glissement de sens par métonymie fait que le phénomène de la « diaphonie » en vient à être employé comme équivalent d'*organum,* qui est la réalisation obtenue, d'où l'embarras terminologique des théoriciens.

DIASTÉMATIQUE

Terme moderne, formé sur le grec διάστημα (intervalle, distance) et utilisé pour parler d'une notation où apparaît le souci d'indiquer les hauteurs des sons et leur espacement relatif. L'apparition d'une, puis de plusieurs lignes remédiera à l'insuffisance mélodique de la notation diastématique, qui est toutefois un progrès en regard des neumes alignés *in campo aperto* (en terrain découvert).

DISCANTUS, DÉCHANT

Ce terme savant du XIIe siècle prend en compte la disjonction désormais acquise entre le *cantus* et un autre chant distinct de lui (la particule *dis* marquant la séparation), dont il respecte la démarche et avec lequel il ménage les rencontres *(occursus)*. Le style de déchant note-contre-note s'oppose à la pratique mélismatique de l'*organum* à vocalises et peut cohabiter avec lui à l'intérieur d'une même œuvre. Il peut aussi n'être pas écrit : on apprend à « déchanter sur le livre ».

DOUBLE CURSUS

Système assez primitif de développement musical reposant sur la répétition de phrases par paires à la manière de l'ancienne *séquence*, selon le schéma a a, b b, c c, etc. Ou bien la phrase est répétée strictement identique à elle-même, ou bien les fins de phrases peuvent être modifiées de manière à présenter une finale suspensive *(ouvert)* et une finale conclusive *(clos)*. C'est cette structure qu'adopte la danse appelée *estampie*.

DRAGMA (voir *Isorythmie*)

DUPLUM (voir *Polyphonie*)

ISORYTHMIE

Mot à mot : même rythme. Système utilisé dans le motet pour le ténor et parfois pour l'ensemble des voix : on parle alors de *panisorythmie* (du grec Πᾶς, Παᾶσα, Πᾶν : tout entier). En général assez court, le fragment mélodique emprunté que l'on appelle le *color* (masculin en latin) est répété après une figure de pause selon le même schéma rythmique librement choisi par le compositeur et appelé *talea* (pluriel *taleae*), bouture, rejeton.

Parfois la répétition se fait sur un rythme différent, on parle alors de *dragma*.

Au XIVe siècle, pour animer la fin d'un motet, le ténor peut être répété en valeurs diminuées de moitié : c'est le *cantus per dimidium*, ou *per medium*.

LIGATURE (voir *Notation*)

MOTETUS

En français : motet. Ce terme à l'étymologie controversée (mots ajoutés au *duplum* ou *mot* d'*organum*) désigne soit la pièce à 2 voix (ou plus) sur teneur liturgique et pourvue de paroles à la voix ou aux voix ajoutées, soit la voix de *duplum* elle-même.

POLYPHONIE

Quand se répandit l'usage de la polymélodie, et qu'à la *vox principalis* empruntée s'ajouta une *vox organalis* inventée, cette réalisation fut dite « double » (par exemple, *organum duplum*) ; mais le mot servit aussi à désigner la seule voix ajoutée au-dessus de la voix empruntée dite *teneur*. Et quand on eut l'idée d'adapter des paroles (*motetti*) à cette voix, on appela *motetus* aussi bien l'ensemble de la teneur et du *duplum* que le *duplum* seul.

Par extension, une deuxième voix ajoutée prendra le nom de *triplum,* et une troisième, celui de *quadruplum*.

Les voix sont donc numérotées à partir de la voix de *base (sic)*, à savoir la *teneur*, si bien que, même quand on ajoutera une contreteneur en dessus de la teneur, le *triplum* par exemple, qui se trouve être la quatrième voix à partir du bas, continuera d'être appelée *triplum*.

PES

Mot latin indiquant la mesure d'un pied. Dans la polyphonie anglaise des XIIIe et XIVe siècles, le *pes* indique un motif mélodique et rythmique simple et bref, ne comprenant que quelques longues, et servant de support à une polyphonie à la manière d'une teneur, mais en général sans texte.

QUADRUPLUM (voir *Polyphonie*)

SUPERIUS (voir *Cantus*)

TALEA (voir *Isorythmie*)

TENEUR (voir *Cantus firmus*)

TRIPLUM (voir *Polyphonie*)

TROPE

À partir du XIe siècle, ce terme à l'étymologie incertaine (on le rapproche du verbe *trouver* qui serait à l'origine des mots *troubadour* et *trouvère*) désigne une invention poétique (trope d'adaptation) ou un développement poético-musical (trope d'introduction, d'interpolation, etc.) à partir des textes liturgiques chantés. Ces gloses, nées du répertoire monodique, connaissent une descendance dans l'adaptation de paroles aux vocalises de l'*organum* et participent de ce fait à la naissance du motet.

Bibliographie

Le lecteur intéressé par cette période ancienne aura intérêt à prendre connaissance directement des œuvres, désormais plus aisément accessibles, sans se contenter de s'en faire une idée par des descriptions inévitablement laborieuses des histoires de la musique.

XIIe-XIIIe SIÈCLE

Pour une approche de l'œuvre de Léonin, on consultera le livre contesté mais précieux de W. G. WAITE, *The Rythm of Twelfth Century Polyphony, its Theory and Practice* (Newhaven 1954, rééd. 1973), contenant 45 *organa dupla* d'après le manuscrit Wolfenbüttel 1.

L'œuvre de Pérotin est intégralement transcrite dans l'ouvrage déjà ancien de H. HUSMANN, *Die drei-und vierstimmigen Notre-Dame organa*, Leipzig, 1940, rééd. 1967.

Le texte le plus fiable de ce répertoire sera sans nul doute l'édition monumentale entreprise par les Éditions de l'Oiseau-Lyre, sous la direction de Edward H. ROESNER, le *Magnus liber organi de Notre-Dame de Paris*, Monaco, 1993, dont viennent de paraître le t. I (*organa quadrupla* et *tripla*) et le t. V (clausules à 2 voix du *Pluteus 29*). Une préface importante apporte toutes précisions concernant le répertoire, les sources, les problèmes d'édition (rythme, accidents) et même quelques remarques concernant l'exécution.

Éditions monumentales des grands manuscrits du XIIIᵉ siècle

– Le manuscrit H 196 de la faculté de médecine de Montpellier (sigle Mo) sous le titre : *Polyphonies du XIIIᵉ siècle*, par Y. ROKSETH, Paris, 1935-1939, rééd. 1983, 4 vol. Le t. IV est une mine de renseignements sur le XIIIᵉ siècle à Notre-Dame, et sur le motet. Étude approfondie du manuscrit fascicule par fascicule.

Nouvelle transcription : *The Montpellier Codex* [Recent Researches in the Music of the Middle Ages and Early Renaissance], Madison, Wisc., 1979, par Hans TICHLER.

– Le manuscrit de Bamberg (sigle Ba) sous le titre : *Cent Motets du XIIIᵉ siècle*, Paris, 1908, 3 vol., par Pierre AUBRY. Les transcriptions ne sont plus toujours considérées comme fiables. Mais le troisième volume de commentaires garde de l'intérêt.

Nouvelle transcription, *The Bamberg Codex* [Corpus Mensurabilis Musicae, 75] par G. A. ANDERSON, Neuhausen-Stuttgart, 1977.

– Le manuscrit de Las Huelgas (sigle Hu), *El Codex musical de Las Huelgas*, Barcelone 1931, 3 vol., par H. ANGLÈS. Le premier volume d'introduction est en catalan.

Nouvelle transcription : *The Las Huelgas Manuscript* [Corpus Mensurabilis Musicae, 79] par G. A. ANDERSON, Neuhausen-Stuttgart, 1982, 2 vol.

XIVᵉ SIÈCLE

Le corpus intégral des compositions du XIVᵉ est aujourd'hui publié par les Éditions de l'Oiseau-Lyre, sous le titre *Polyphonic Music of the Fourteenth Century* (25 vol.). Commencée en 1956 par Léo SCHRADE, cette série de quelque 2 800 pièces a été poursuivie et terminée en 1991 par Frank Ll. HARRISON et Kurt VON FISCHER : T. I, *Roman de Fauvel,* Ph. de Vitry, cycle français de messes ; T. II-III, Machaut ; T. IV, Landini ; T. V, Motets de provenance française ; T. VI-XI, Musique profane italienne ; T. XII-XIII, Musique sacrée italienne ; T. XIV-XVII, Musique anglaise ; T. XVIII-XXII, Musique profane française ; T. XXIII A et B, Musique sacrée française ; T. XXIV, Johannes Ciconia.

On trouvera ces mêmes œuvres, mais groupées par thèmes, dans les publications de l'*American Institute of Musicology* (sigle A I M) dans le cadre du *Corpus Mensurabilis Musicae*, dont les plus importantes sont :

– CMM 53, *French secular compositions of the fourteenth century,* 3 vol., 1970-1972, par Willi APEL.

– CMM 29, *Fourteenth century mass music in France,* par H. STÄBLEIN-HARDER, 1962.

– CMM 8, *Music of fourteenth century Italy,* 5 vol., 1954-1964, par Nino PIROTTA.

On consultera encore utilement *Der Squarcialupi-Codex*, Pal. 87, transcrit par Johannes WOLF et publié en 1955. Les œuvres y sont groupées par compositeurs dans l'ordre du manuscrit.

Pour la connaissance du répertoire de la fin du XIVᵉ siècle, on se reportera à la publication n° 55 de la Mediaeval Academy of America, *French Secular Music of the Late Fourteenth Century*, 1950, par W. APEL, où l'on trouvera une introduction très nourrie et un excellent choix d'œuvres transcrites.

Pour une bibliographie plus complète concernant les divers sujets abordés dans cet ouvrage, se reporter ou bien au *Précis de musicologie,* publié sous la direction de Jacques CHAILLEY, PUF, 1984, ou bien aux annexes des notices sur les compositeurs, les formes, les styles, dans le *Dictionnaire de la musique*, et *Science de la musique*, publiés sous la direction de Marc HONEGGER, Bordas, 1986 ; ou dans *The New Grove Dictionary of Music and Musicians*, publié par Stanley SADIE, MacMillan Publishers, 1981.

Discographie
établie par Sylvie Pébrier

AVERTISSEMENT

Pour indispensable qu'elle soit, la connaissance par le disque des musiques dites anciennes peut induire en erreur et créer des impressions sans rapport avec les documents écrits.

L'utilisation généralisée d'un instrumentarium luxuriant, le plus souvent hypothétique et dans sa sonorité et dans son emploi ou ses combinaisons n'est pas toujours condamnable. Elle doit cependant être considérée seulement comme vraisemblable et susceptible de répondre à l'attente d'auditeurs d'aujourd'hui. Les authenticités se succèdent en fonction du goût de chaque époque.

D'autre part, une amplification systématique par ornementation ou variation, en général non spécifiée par le document, peut tromper sur son ampleur.

Enfin, les jugements rapides de la presse, et surtout les attributions de tel ou tel critère de valeur sont rarement le fruit d'une étude sérieuse : il convient de n'en tenir compte qu'avec une grande circonspection.

Bernard GAGNEPAIN

Cette discographie critique propose une sélection d'enregistrements illustrant les différents chapitres de ce livre. Après les œuvres anonymes (présentées par ordre chronologique) viennent les auteurs (par ordre alphabétique) suivis, à la fin, des anthologies. Les principales rubriques concernent l'auteur, le titre et le contenu détaillé du disque, le ou les interprètes. Afin de faciliter la recherche des documents discographiques, sont également mentionnées l'année de parution – accompagnée entre parenthèses de l'année de l'enregistrement lorsqu'il s'agit d'une réédition tardive – l'éditeur (l'astérisque précisant qu'il s'agit d'un disque vinyl) et le distributeur.

Anonyme, IXe-XIIIe siècle
Quem quaeritis ?
Ms. de Fleury (Bibliothèque municipale d'Orléans, 201) monodies et polyphonies (dont motet sur *Victimae paschali laudes*, ms. de Bamberg)

Ens. Venance Fortunat, 1982
SM 30201 [Studio SM]

Le titre de ce disque reprend la question de l'Ange aux femmes qui se présent à l'entrée du tombeau : « Qui cherchez-vous ? » D'une façon didactique mais jamais ennuyeuse, Venance Fortunat présente les différentes élaborations qui précédèrent le jeu des *Trois Marie*.

Anonyme, XIIe siècle
Codex Calixtinus
Ms. compostellan (Bibliothèque de Saint-Jacques-de-Compostelle)

Ens. Venance Fortunat, 1992
SOL/SOCD 45 [Solstice]

Pièces de style grégorien, tropes, séquences et conduits côtoient des pièces polyphoniques à deux voix écrites selon la technique du déchant ou de l'*organum*. L'acoustique très réverbérante donne à ces formes naissantes l'ampleur d'une architecture de grande dimension.

Anonyme, XIIe siècle
Polyphonie aquitaine du XIIe siècle
Ms. de Saint-Martial de Limoges

Ens. *Organum*, Pérès, 1988 (1984)
HMC 901134 [Harmonia Mundi]

La souplesse de la ligne et la profusion ornementale n'altèrent jamais les appuis syllabiques. Dans cet enregistrement, la partie de contra-ténor est tenue par Gérard Lesne.

Anonyme, XIIe-XVIe siècle
Le Manuscrit du Puy Office du Nouvel An à la cathédrale du Puy-en-Velay

Ens. Gilles Binchois, Vellard, 1992
Virgin-Classics-Veritas 7592382 [Virgin]

Dans le cadre de la célèbre halte du Puy sur l'une des routes du pèlerinage vers Saint-Jacques-de-Compostelle, s'exprimait une dévotion populaire à laquelle chaque génération a contribué ; ainsi, la très belle pièce qui ouvre le disque *Exultantes in partu virginis* est un arrangement à quatre voix d'un chant noté dès 1100. Des pièces parfois très simples sont servies par une interprétation ample et claire.

Anonyme, XIIe-XIVe siècle
Codex Las Huelgas

Huelgas Ens., Nevel, 1993
SK 53341 [Sony]

Belle interprétation en dépit d'appuis rythmiques trop marqués dans certains conduits et de l'attaque des consonnes qui entraîne des effets de glotte. Tentative de fonder l'ornementation des pièces dans divers traités (Jérôme de Moravie, J. de Garlande, J. Grocheo...)

Anonyme, XIIᵉ-XIVᵉ siècle
Sumer is icumen in
et sa version en latin *Perspice christicola*
Chants médiévaux anglais ;
à noter un *organum* à 3 voix
sur *Alleluyah nativitas* dans le style
de l'école Notre-Dame

Hilliard Ens., 1985
HMC 901091 [Harmonia Mundi]

Remarquable anthologie du répertoire anglais des débuts de la polyphonie ; la qualité d'ensemble est superbe malgré un traitement des voix orgorales un peu haché et un phrasé du plain-chant qui prend appui sur chaque neume au lieu de suivre la direction de la monodie.

Anonyme, XIVᵉ siècle
Codex Chantilly
(Musée Condé, 564)
Airs de cour de Cuvelier, Guido,
Baude Cordier, Solages, Andrieu
et anonymes

Ens. *Organum*, Pérès, 1987
HMC 40-1252a
[Harmonia Mundi]

Anthologie de l'*Ars subtilior*, réputé pour sa complexité à la limite de l'hermétisme. L'interprétation réussit à dégager une bonne lisibilité du texte musical, chaque voix étant confiée à un soliste parfois doublé par la vielle ou le clavicytherium.

Anonyme, XIVᵉ siècle
Codex Engelberg 314
Musik des späten Mittelalters

Schola cantorum
basiliensis, Vellard
et Arlt, 1991
Deutsche Harmonia Mundi/RD
77185 [BMG]

« Le manuscrit d'Engelberg qui associe deux répertoires, l'un de souche germanique, et l'autre également germanique mais miroir d'une tradition française, nous a incité à réunir des interprètes de tradition germanique et française, chacun assumant les particularités de sa culture, tant pour la prononciation et l'accentuation du latin que pour le timbre vocal » (Lorenz Welker). On ne peut que se réjouir de cette initiative couronnée de succès.

Anonyme, XIVᵉ siècle
Decameron
Ballate monodiques de l'*Ars Nova*
florentine ; en outre Francesco
Landini, Gherardello da Firenze,
Lorenzo da Firenze...

Lamandier, 1985
Astrée/E 7706 [Auvidis]

La virtuosité de ces pièces trouve avec Esther Lamandier une respiration et un rythme tout à fait naturels. Ce regroupement de *ballate* fait aussi pénétrer le rythme de la forme poétique.

Anonyme, XIVe siècle
Les Trois Marie
Jeu liturgique
(ms. d'Origny-Sainte-Benoîte)

Deschamps, Ens.
Venance Fortunat, 1990
SM/12 17 46 [Studio SM]

Il faut noter que le parti pris de cette belle interprétation se fonde davantage sur la vocalité que sur les accents du texte. De très nombreux ajouts ne permettent pas toujours de suivre la continuité du jeu liturgique d'origine.

Anonyme, XIVe siècle
Les Trois Marie
Jeu liturgique
(ms. d'Origny-Sainte-Benoîte)

Gagnepain, 1994
Koch Schwann/3-1425-2H1
[Media 7]

À l'exception du prologue qui introduit une pièce du XVe siècle, la dimension historique du jeu est entière. Les pièces polyphoniques intercalées sont construites sur la teneur « Haec Dies ». Belle fusion des timbres des trois femmes.

Anonyme, XIVe siècle
Llibre vermell de Montserrat

Berry Hayward consort,
1984
Erato ECD 88047 [RCA]

Dans cette version, l'ensemble de femmes manque de soutien vocal dans le medium grave. Les tempi sont parfois rapides, conduisant à un débit précipité comme dans *Stella splendens*. On écoute toujours avec émotion le *Mariam matrem virginem*. Signalons que la matière de ce disque et des nombreux autres enregistrements qui s'inspirent de ce manuscrit au titre si prometteur est étonnamment mince : il se réduit en effet à sept pages de musique et à seulement trois pièces de réelle polyphonie, une seule étant à trois voix.

Anonyme, XIVe siècle
Messe de Tournai

Ens. *Organum*, Pérès,
1991 (1990)
HMC 901353 [Harmonia Mundi]

Aux pièces polyphoniques de l'*Ordinaire* sont ici adjointes des pièces du *Propre* issues du même manuscrit ou de manuscrits contemporains. Superbe qualité et amplitude vocale de cette version par un groupe de sept hommes.

Anonyme, XIVe siècle
Messe de Tournai,
Motets anonymes de Wolfenbüttel 2,
Bamberg, Montpellier, *Roman de*
Fauvel, Motets de Philippe de Vitry

Ruhland, Capella
antiqua, 1967
Teldec SAWT 9517-A*

Face à la démarche de Konrad Ruhland qui s'affirme historique, une oreille contemporaine sera choquée ; par la doublure instrumentale des voix omniprésente qui aplanit tout sous l'effet de la surenchère ; par une lecture très solfégique des semi-brèves qui en fait des éléments extérieurs greffés sur la ligne mélodique ; enfin, par une prise de son lointaine.

Anonyme, XIVe siècle
*Osterspiel aus Fleury, Visitatio sepulchri
Ostermesse aus Notre-Dame de Paris*

Schola cantorum basiliensis, 1982
BHM 1C 1659925 T
[Harmonia Mundi France]

Exécution très inattendue : le texte de la brochure insiste sur la notion de « devenir musical » et, en effet, le temps musical est tellement étiré que l'on risque bien d'en perdre le fil…

Anonyme, XIVe siècle
Roman de Fauvel

Binkley, Studio der frühen Musik, 1991 (1972)
EMI7763430 2 [EMI]

L'intérêt réside dans la présentation globale de l'œuvre, c'est-à-dire dans son contexte de drame parlé ; alternance donc de textes chantés et dits. Tempi très rapides, débit haché. Technique vocale dans un caractère toujours parodique amplifiée par la présence de chalumeaux à la teneur.

Anonyme, XIVe siècle
Roman de Fauvel

Clemencic consort, 1993 (1976)
Hm/HMA 190994
[Harmonia Mundi]

Pour rien au monde, on ne voudrait manquer le « peigne musical » de René Clemencic que l'on trouve presque modéré dans ses choix et moins caricatural que d'habitude. Superbe livret qui retranscrit le texte original et son adptation en français contemporain ainsi que les traductions anglaise et allemande.

Anonyme, XIVe-XVe siècle
Medieval English Music

Hilliard Ens., 1989 (1983)
HMA 431106 [Harmonia Mundi]

Interprétation dans un caractère allant, enjoué, naturel ; l'acoustique peu réverbérante permet d'apprécier la superbe homogénéité de l'ensemble.

Anonyme, XVe siècle
Buxheimer Orgelbuch
Extraits

Koopman, 1988 (1982)
Astrée/E 7 743 [Auvidis]

Reconstruit par Marc Garnier en 1981, l'orgue du triforium de la cathédrale de Metz est accordé en tempérament mésotonique. La vitalité et le coloris de cette interprétation résultent de la variété des registrations et des qualités de Ton Koopman dans un éventail de pièces remarquablement choisi pour illustrer les différentes sources de ces premières pièces de musique instrumentale.

Anonyme, XVe siècle
Codex Faenza (Italie)
Guillaume de Machaut, Jacopo da Bologna, Francesco Landini

Ce disque présente à la fois des pièces polyphoniques vocales et des pièces pour clavier composées ultérieurement sur la même teneur. À noter la profusion ornementale de pièces comme *Aquila altera* de J. da Bologna chantée par des voix d'hommes.

Pérès, Ens. *Organum*, 1994 (1990)
HM/HMC 901354
[Harmonia Mundi]

ALPHONSE X le Sage, roi de Castille (1221-1284)
Cantigas de Santa Maria
Extraits

Au texte monodique des *Cantigas* sont ajoutés des préludes improvisés ; le chant, non mesuré, est accompagné par une instrumentation très fournie dans les interludes (flûte à bec, chalemie, rebec, vièle, luth, percussions, mandore, guiterne, harpe, psaltérion).

Figueras, Benet, Cabré, Francesc, Schola cantorum basiliensis, Binkley, 1992 (1980)
Deutsche Harmonia Mundi/GD 77242 [BMG]

Une technique éprouvée qui fait des variations ornementales des enluminures vocales. Dans certaines pièces, de facture simple, la chanteuse préfère des énoncés rudes qui traduisent leurs racines populaires. La plupart des chants sont précédés d'un court prélude instrumental (harpe, orgue portatif ou vièle) qui installe le mode et le rythme.

Lamandier, 1986 (1981)
Astrée/E 7.707 [Auvidis]

ESCUREL, Jehannot de l' (? - vers 1304)
Fontaine de grâce
Ballades, virelais et rondeaux

Les musiciens ont cherché à créer un monde de douceur sonore qui frise ici l'alanguissement ; les voix sont peu timbrées.

Ens. Gilles Binchois, Vellard, 1995
Virgin-Veritas 5450662 [EMI]

FULBERT DE CHARTRES (vers 960-1028)
Stirps Jesse
En outre motet du XIIe (ms. de Saint-Martial de Limoges) et organum du XIIIe (ms. de Florence)

Le thème de la «souche de Jessé» a non seulement été à l'origine d'une riche iconographie mais a aussi connu un destin musical important depuis les répons pour la dédicace de la cathédrale de Chartres jusqu'aux motets pluritextuels à quatre voix du XIVe siècle. Venance Fortunat offre une belle anthologie qui trouve une justification thématique et musicale.

Venance Fortunat, 1989
Quantum QM 6899 [Studio SM]

LANDINI Francesco (? -1397)
Ballades, Madrigaux et Caccie.

*Francesco Landini
et l'Ars Nova italienne*
Codex Rossi, Scarcidupti, et Palatino
Adiu, adiu dous dame ; Ecco
la primavera ; Lasso! di donna ;
La bionda treçça ; gram piant'agli occhi ;
l'priego amor ; Si dolce non sono

Moustonen, ens. Hortus
Musicus, 1976
Chant du Monde LDX 78666*

Soprano volubile, baryton un peu nasillard. Atmosphère intime et
noble des *pallate*.

Ens. Alla Francesca, 1992
Opus 111/OPS 60-9206
[Harmonia Mundi]

Alla Francesca refuse tout systématisme dans son interprétation ;
ainsi voi:-on des pièces à trois voix chantées *a cappella* ou bien à deux
voix et vièle ou encore à une voix accompagnée de la vièle et d'une
harpe qui reste parfois un peu en retrait. Dans *Aquila altera* de Jacopo
da Bologna, on est frappé par la grâce des volutes ornementales et le
ton noblé et réservé de l'interprétation.

Trecento
Et Daniel Arnaut, Jacopo da Bologna,
Maestro Piero, Lorenzo da Firenze...

Berry Hayward consort,
1991
BNL 112803 [Auvidis]

Une instrumentation et un effectif vocal chargés ; une pulsation qui
bouscule parfois l'ornementation.

MACHAUT, Guillaume de
(vers 1300-1377)
*Messe Notre-Dame
et Organa de Pérotin*

Deller, Deller consort
et Collegium Aureum,
1991 (1961)
Deutsche Harmonia Mundi/GD
77064 [BMG Ariola France]

La doublure systématique des voix par les instruments, le martèle-
ment de la pulsation confèrent un caractère mécanique à cette interprétation et masquent la dimension horizontale de l'écriture, même si
l'on peut savoir gré aux musiciens de mener leur parti pris jusqu'au
bout !

*Messe Notre-Dame
et Dix Œuvres profanes*
Virelais, ballades, rondeaux,
complainte et motet profane

Cape, Pro musica
antiqua, 1956
Archiv APM 14063*

Dans la notice qui accompagne le disque, Safford Cape explique quels
ont été ses choix sur le plan du rythme : « L'absence de notes de
petite valeur et le caractère "coulant" de la musique à ces endroits
nous ont incité à supposer dans le *Kyrie I* ainsi que dans certaines sections de "Amen du Gloria et du Credo, le tempus diminutum, tandis que
partout ailleurs c'est le tempus integer qui s'impose. » Cet enregistrement révèle le charisme très fort de cet extraordinaire pionnier qui
sut allier musicologie et interprétation. Une version de référence indé-
pendamment du vibrato des voix.

Messe Notre-Dame
Trois motets latins et la double ballade de François Andrieu sur la mort de Guillaume de Machaut

Gagnepain, 1977
Erato/EFM 18041*

Très belle version, riche de nombreuses associations entre voix et instruments : le chœur alternant avec les solistes, les instruments étant plus volontiers confiés à la teneur et à la contreteneur. Une interprétation ouverte, marquée par une grande souplesse rythmique, une articulation claire au service du texte, des voix lyriques et l'enthousiasme d'un enregistrement public.

Messe Notre-Dame

Parrott, Taverner consort, Taverner choir, 1987 (1983)
EMI/747492 [EMI France]

La messe de Machaut se trouve ici insérée dans le propre de la fête de la Nativité de Marie. L'interprétation mesurée du plain-chant est à la limite de la raideur. Un tempo allant, des hoquets très en relief, une émission vocale souvent nasillarde, une prononciation « restituée » !

Messe Notre-Dame

Vellard, Ens. Gilles Binchois, 1990
Harmonic Records/H/CD 8931

Merveilleuse version *a cappella* d'où se dégage une très grande souplesse mélodique. Le naturel prend le pas sur les arcanes les plus complexes de la partition, laissant libre de s'exprimer la plus haute dimension lyrique et spirituelle de ce monument de l'histoire de la musique, replacé ici dans le contexte liturgique d'une messe de l'Assomption.

Le Lai de fonteinne, Ma fin est mon commencement, Messe Notre-Dame

Hillier, Ens. Hilliard, 1990
Hyperion/CDA 66358 [HM]

Une traduction somptueuse de la polyphonie dans sa prononciation ancienne. Un tempo qui ne permet pas toujours au hoquet de se détacher de l'ensemble.

The Mirror of Narcissus, Ballades, Rondeaux, Motets, Virelais

Page, Gothic voices, 1987
Hyperion/C66087 [Harmonia Mundi]

Il y a beaucoup de science et d'art dans cette version qui rit, et chante... À noter la qualité éminente de la soprano Emily van Evera dans les virelais *Foy porter* et *Je vivroie liement* et le talent du ténor, Rogers Covey-Crump. Malheureusement, les syllabes de la teneur ont été disposées sans tenir compte de la réalité de l'écriture en ligatures.

MATEO DA PERUGIA
(? - vers 1418)
Œuvres profanes

Davies, Medieval ens.
of London, 1979
Decca-595036 BA 365*

Équilibre entre voix et instruments et grande palette de tons pour ces pièces contrastées : ballades, virelais ou rondeaux. La musicalité et le legato du ténor John Elwes sont remarquables.

PÉROTIN le Grand
(vers 1180 -1236)
École Notre-Dame, Organa
Organum duplum : *Judea et Jerusalem* (Leonin), *organum quadruplum* : *Sederunt principes* (Pérotin) et chansons et motets du xiiie siècle

Cape, Pro musica
antiqua, 1956
Archiv/APM 14068*

La très grande animation des voix organales confère panache et hauteur de ton à l'*organum* de Pérotin, *Sederunt*. La version de Safford Cape révèle avec une très grande clarté les différents plans, le jeu des lignes, et permet de percevoir l'imposante architecture sonore de l'œuvre.

École Notre-Dame, 1163-1245, Monodies et Polyphonies vocales
Organa, conduits, motets
Alleluya Nativitas gloriose virginis Marie ;
Beata viscera Ave maria, fons leticie ;
Ave maris stella ; *Benedicamus Domino* ;
Dum medium silentium ; *Gaudeat devotio fidelium* ; *Haec dies quam fecit Dominus* ;
O summi regis mater inclita ; *Salva nos, stella maris* ; *Salve Mater, fons ortorum* ;
Sol sub nube latuit ; *Stella serena* ; *Veri solis presentia*

Ens. Gilles Binchois,
Vellard, 1986
Harmonic Records/H-CD 8 611
[Harmonic]

Magnifique enregistrement ; les modes rythmiques et les lignes sont énoncés avec souplesse.

Pièces vocales
Viderunt omnes ; *Alleluia posui adiutorum* ; *Deum Sigillum* ; *Alleluia Nativitas* ; *Beata Viscera* ; *Sederunt principes*

Hilliard, Ens. Hilliard,
1989
ECM 837 751-2

Exploitation très élargie du volume sonore ; la rythmique modale resserrée donne une allure jubilatoire ; les différents plans de l'écriture sont remarquablement mis en relief.

PHILIPPE LE CHANCELIER (vers 1165-1236)
Notre-Dame Schule
Conductus, lai, séquence, rondellus
(Wolfenbüttel, codex Guelf 628
Helmst, Florence Pluteus 29. 1)

Ens. Sequentia, 1990
Deutsche Harmonia Mundi/GD
77035 [BMG]

Très grande souplesse vocale ; les modes rythmiques sont donnés dans une pulsation modérée ; le texte est servi par une articulation très claire. Une fois encore, l'ensemble Sequentia donne au répertoire médiéval sa véritable dimension à la fois esthétique et sensible.

VITRY, Philippe de (1291-1361)
Motets et Chansons
Chansons : Ay, Amours ! tant me dure ;
Je qui puair seule ai de conforter ;
Providence la senee ; Se j'oneques a
mon vivant ; Talant j'ay que d'obeir

Ens. Sequentia, 1991
Deutsche Harmonia Mundi/RD
77095 [BMG Ariola France]

En plus des quatre motets authentifiés de Philippe de Vitry, figurent ici des motets et des chansons anonymes extraits du *Roman de Fauvel*. Un très bel équilibre entre rigueur et liberté avec une ornementation et une instrumentation qui servent le texte. Le seul regret touche l'acoustique un peu trop réverbérante.

Philippe de Vitry et l'Ars Nova, Motets
Almifonis melos/Rosa sine culpe spina ;
Aman novi probatur/Heu, fortuna
subdola ; Apta caro/Flos virginum ;
Colla jugo sublere/Bona condit...

Orlando Consort, 1992
Amon Ra/180049-2
[Harmonie distribution]

Cet ensemble de quatre hommes, aux sonorités et à l'articulation claires, nous offre un discours parfaitement maîtrisé servi par une excellente prise de son. Toutefois, il y a peu de place pour le lyrisme dans cette interprétation, qui reste distante de bout en bout.

Anthologie, XIIe-XIVe siècle
Music in the Gothic Era
Codex Montpellier H 196, Codex
Bamberg, Codex Ivrea, Roman
de Fauvel, Codex Chantilly, Léonin,
Perotin, Guillaume de Machaut...

Early music consort of London, Munrow 1985 (1976)
Polydor International Archiv
Produktion 4152922 [Polygram]

Interprétation d'une très grande beauté, extrêmement vivante et qui privilégie les lignes. La respiration, la pulsation dessinent un « grand temps » dans une vocalité ronde et legato. Deux hautes-contre exceptionnels : Charles Brett et James Bowman. À noter les différents essais d'émission vocale pour les organa. Un enregistrement de référence.

Anthologie, XIIe-XIVe siècle
Mystère des voix anciennes
Anonymes, Pérotin, F. de Chartres...

Mora vocis, 1993
Verany PV 79101

Interprétation très engagée, jubilatoire. Les intonations et le traitement des voix organales par ce chœur mixte sont inspirés des pratiques orientales et le vibrato ou le crescendo n'en sont pas exclus.

Anthologie, XIVe siècle
Ce chant diabolique
Ballades, rondeaux et virelais (fin XIVe) : Galiot, Suzoy, Olivier, Guido, Senleches

Davies, medieval ens. of London, 1983
Decca-595086 - BA 372*

Ces chansons sur le thème de l'amour courtois n'ont en fait rien de diabolique. Superbe jeu des voix solistes entrelacées dans les hoquets de vocalises indéfiniment étirées ! Jamais la complexité de l'écriture n'entame la souplesse du discours.

Anthologie, XIVe siècle
Jacobus de Bononia, Nicolaus de Perugia, Laurentius de Florentia, Gherardello de Florentia, Vincentius de Arimius, Andrea de Florentia, Bartolino da Padova

Moustonen, ens. Hortus Musicus, 1976
LDX 78665*

Beaucoup de charme dans cette réalisation effectuée en 1976, à Riga ! Quelques pièces sont un peu tendues dans l'aigu, et la justesse instrumentale est parfois approximative. La prononciation qui n'a pu gommer complètement la distance se trouve dépourvue de l'intonation particulière de la langue italienne.

Anthologie, XIVe siècle
Musik des Trecentos um Jacopo da Bologna
Lorenzo Masini, G. da Cascia, Gherardello, Maestro Piero, J. di Bologna

Piguet, Ricercare - ens. für alte Musik, 1973
EMI - CO63-3011*

On trouve parmi les instrumentistes un musicien jouant de la vièle et des percussions dont le nom est depuis sorti de l'ombre : Jordi Savall. Interprétation limpide, harmonieuse.

Anthologie, XIVe-XVe siècle
Manuscrit d'Apt
Manuscrit d'Apt : Perrinet, De Fronciaco, Depansis et maîtres florentins de l'Ars Nova, pièces de l'Ordinaire de Ser Gherardello, B. da Padova et L. da Firenze

Bedois, ens. G. Duf, 1976
Arion 38-319*

Un très beau Kyrie tropé de Fronciaco magnifiquement interprété par Régis Oudot. En dépit d'une recherche d'allégement vocal et d'absence de vibrato, la présence fréquente de cornets à bouquins ou de sacqueboutes heurte un peu notre esthétique actuelle. Une justesse parfois oscillante. La confrontation avec les messes polyphoniques de l'Ars nova florentine rarement enregistrées est très intéressante.

Index

Abbon, 16
Adam de la Halle, 53-55, 63, 65, 70, 72-74, 84, 159
Afflighem, d', 13
Alfonso el Sabio, 76
Andrieu, François, 128, 183
Anthonello da Caserta, 184
Antonio da Tempo, 173
Art de dictier, 117
Aurélien de Réomé, 8

Ballade, 124
Ballate, 176-181
Barberino, Francesco da, 173
Boèce, 7, 8, 168
Borlet, 185

Caccia, 174-177
Cambridge Songbook, 56
Cantigas de amigo, 76
Cantigas de Santa Maria, 76, 80, 89, 92, 97, 101
Chace, 122, 127, 174
Chaillou du Pestain, 85, 87
Chanson d'aube, 72
Chanson d'histoire, 67, 70
Chansonnier du Roy, 61-62, 67
Chartres, 16, 25
Chrétien de Troyes, 68
Cluny, 24, 26
Codex Calixtinus, 21-22, 26, 43
Colin Muset, 70-71
Conon de Béthune, 69
Conradus de Pistorio, 184
Copula, 13, 37, 59
Cotton, Johannes (ou d'Afflighem), 13

Dante, 170, 173
Dasiane, 9-10
Déchant, 12, 18, 22, 24, 31, 33-34, 41, 56, 59

De Fronciaco, 104
Depansis, 105
Deschamps, Eustache, 117-118, 122, 128
Diaphonie, 12
Discantus, 18, 20, 33
Docta sanctorum, 93, 103
Donato da Cascia (ou da Firenze), 176

Egidius de Murino, 124, 133
Ernoul le Vielle, 71
Estampie, 62, 72

Fauvel, 78, 85-86, 88, 93-94, 96
Fauvel (Roman de), 84-85, 103, 117, 139
Fleurie, Martin, 105
Fleury, 12, 16
Francon, 44
Frauenlob, 77
Fulbert de Chartres, 23

Gace Brulé, 69
Galiot, 183-184
Gaston Phébus, 104
Garlande, Jean de, 33, 37, 44, 59
Gautier de Coincy, 70
Gervais du Bus, 85
Gherardello da Firenze, 176, 181
Giovanni da Cascia, 175
Giovanni da Ciconia (ou Jean Cigogne), 185
Grimace, 183
Gui d'Arezzo, 12, 91
Guillaume le Vinier, 71
Guillaume IX, 67-68
Guiot de Provins, 70
Guiraut de Bornelh, 72
Guiraut Riquier, 76

Hoquet David, 116, 155

Hucbald de Saint-Amand, 8-9

Jacques de Liège, 52-53, 93
Jacopo da Bologna, 81, 169, 175, 181
Jean de Grouchy, 63, 71
Jean de Muris, 52
Jehannot de l'Escurel, 89
Jérôme de Moravie, 33
jeu parti, 72
Josquin, 108

Lai, 71, 116-120, 122-124, 128
Lambelet, Jean, 108, 110
Landini, 79, 176-177, 179, 181, 183
Laudario di Cortona, 75
Laurentius de Florentia, 176
Léonin, 27, 30, 33
Liber Sancti Jacobi, 24
Llibre vermell, 164
Lucidarium in arte musicae planae, 168

Machaut, Guillaume de, 54, 71, 73, 81, 89-90, 96-99, 104, 106-159, 179, 183
Madrigal, 181
Magister Piero, 174-175
Magnus liber organi, 27
Maître Albert, 22
Manuscrit
– d'Apt, 104-105
– de Bamberg, 45, 47-48, 60-61, 63, 87
– de Chantilly, 183
– d'Ivrea, 104, 110, 122
– de Las Huelgas, 43, 45, 104
– de Modena, 183
– de Montpellier, 39, 45, 48-52, 55, 60-61, 63, 65, 87, 96, 134-135

– *Pluteus 29*, 30, 43-44, 46
– Reina, 170, 183
– de Wolfenbüttel, 30, 44, 46, 56, 58
Marchettus de Padoue, 168-170
Marie de Champagne, 68-69
Martin Codax, 76
Matteo da Perugia, 184
Maurice de Sully, 26
Messe
– de Barcelone, 107-108, 146
– de Nostre-Dame, 107, 112, 145
– de la Sorbonne, 108
– de Toulouse, 106, 146-147
– de Tournai, 103, 106-108, 146-149
Micrologus, 12
Minnesang, 76-77
Moniot d'Arras, 72
Musica Enchiriadis, 9

Neidhart von Reuenthal, 77
Niccolo da Perugia, 176
Notre-Dame, 5, 20-22, 26-27, 31, 34, 39, 43, 46, 49, 53, 71

Occursus, 12-13, 18
Old Hall Manuscript, 58
Origny-Sainte-Benoîte, 75
Oswald, 16
Otger, 9, 12

Padoue, 167-168, 174, 181
Panisorythmie, 101
Paolo da Firenze, 170
Pastourelle, 70, 72-74

Pérotin, 22, 27, 33-35, 49, 158-159
Pes, 56, 162
Philipoctus, 184
Pierre de Corbeil, 20
Pierre de la Croix, 45, 52-53, 55, 90-91, 169
Picaud, Aimeri, 21, 23

Quadrivium, 25

Reginon de Prüm, 8
Remède de Fortune, 78, 116-117, 119, 129, 132
Rémi d'Auxerre, 8
Reverdie, 72, 178
Richard Cœur-de-Lion, 69
Robert de Handlo, 53
Robin et Marion, 52-53, 70, 73-74
Rondeau, 53-55, 62-65, 72, 88, 90, 127, 129-138, 159, 184
Rondellus, 58, 162
Rotruenge, 72

Saint-Denis, 28
Saint-Jacques-de-Compostelle, 18, 21
Saint-Martial de Limoges, 18, 28, 36, 40,
Saint-Victor, 26
Sainte-Geneviève, 26, 29, 77
Scot Érigène, 8
Senleches, 184
Sienne, 167
Solage, 184
Sorbonne, 76
Speculum musicae, 93

Spruch, 77
Squarcialupi, 169-170, 177, 181
Succentus, 8
Suger, 26
Sumer is icumen in, 56
Suzoy, 183

Thibaut IV de Champagne, 68-69, 72
Trecento, 167-183
Trivium, 25
Tropaires, 16, 18
Truncatio vocis, 59, 141, 158

Vaillant, 183-184
Van den Borren, Charles, 167, 184
Ventadour, Bernart de, 69-70
Versus, 18, 20, 22, 40-41, 122
Vézelay, 19
Victimae paschali Laudes, 43, 75
Vitry, Philippe de, 54, 83, 85, 88-94, 96-97, 104, 111, 117, 124, 134, 138, 159, 169, 177
Virelai, 63, 64-72, 76, 116, 127, 129, 132-133, 135, 159, 176, 178, 185
Voir dit, 113, 117, 127, 146

Walther von der Vogelweide, 77
Winchester, 16
Wipo, 43, 75
Wulfstan, 16

Table des illustrations

Arxiu Mas : 76, 89, 92, 96, 97, 100, 109. – BNF, Paris : 9, 19, 20, 82, 85, 86, 152, 157. – Bibliothèque de la faculté de l'école de médecine de Montpellier : 38, 39, 50, 51. – The British Library, Londres : 57. – Marcel Césard : 62, 66, 111, 114-115, 119, 120-121, 123, 125, 126, 130-131, 138-139, 145. – J.-L. Charmet : 30, 179. – G. Dagli Orti : 21, 23, 54, 78, 166. – D. R. : 60, 143. – Edimédia : 71, 77. – Fabrique de l'église-cathédrale de Tournai : 102. – Giraudon : 7, 68-69, 80, 99, 182. – Herzog August Bibliothek, Wolfenbüttel : 42. – Ikona : 95, 169, 180. – H. Nicollas : 74. – Ernani Orcote : 172. – Roger-Viollet ; 28-29, 81. – Top/H. Champollion : 14-15. – Top/J. N. Reichel : 17. – J. Vigne : 25.

TABLE

Avant-propos   5

Prémices de l'aventure polymélodique   7
  Témoignages de traités, 8. – Exemples notés, 9.

Premières réalisations   15
  Les tropaires dits de Winchester (XIe siècle), 16. – Développement des
  mélismes : autour de Saint-Martial de Limoges, 18. – Un livre de pèlerinage : le *Codex Calixtinus* (milieu du XIIe siècle), 21.

La suprématie parisienne (fin XIIe-XIIe siècle)   25
  L'école de Notre-Dame : *organum* et conduit (vers 1150-1230), 26. – Pérotin, 33. – La domination du motet (XIIIe siècle), 41. – Le manuscrit de Bamberg, 47. – Le manuscrit de Montpellier, 48. – Diffusion hors de France : la
  polyphonie en Grande-Bretagne, 56. – La *truncatio vocis* ou hoquet, 59. –
  Musique instrumentale ? 61. – Premiers pas de la polyphonie profane : le
  rondeau, 62.

La lyrique profane   67
  Les trouvères, 67. – Le théâtre chanté, 74. – La monodie profane hors de
  France, 75.

L'*ars nova* en France   82
  Circonstances politiques et sociales à la fin du XIIIe siècle, 82. – Un témoignage de l'évolution des idées : le *Roman de Fauvel*, 84. – Un émule d'Adam
  de la Halle : Jehannot de Lescurel, 89. – Les innovations dans la technique
  musicale : le traité *Ars nova*, 90. – Philippe de Vitry : le motet isorythmique, 93.

Les débuts d'un répertoire religieux   103
  Cycles polyphoniques destinés à la messe, 105.

Guillaume de Machaut   111
  Le lai, 117. – Le lai et la polyphonie, 122. – Les autres genres profanes,
  124. – La Messe Nostre-Dame, 145. – Le hoquet David, 155.

En marge de l'ars nova   160

La musique en Angleterre, 160. – Le « Llibre vermell » de Montserrat, 164.

La musique du Trecento   167

Un cas d'exception : la théorie devance la pratique. Marchettus de Padoue, 168. – Source de la musique du Trecento, 170. – Genres et structures, 170. – Première génération de compositeurs du Trecento, 174. – Seconde génération de compositeurs du Trecento, 176. – Francesco Landini, 177.

Dans l'attente d'un renouveau   183

Annexes   187

Glossaire, 187 – Bibliographie, 191. – Discographie *par Sylvie Pébrier*, 193. – Index, 204.

Maquette et réalisation PAO Éditions du Seuil
Photogravure : Charente Photogravure, Angoulême
Iconographie : Frédéric Mazuy

Achevé d'imprimer par Mame, Tours
D. L. janvier 1996. N° 218165 (13867)